# YAML onder de knie krijgen

## krijgen

**Van basis tot toepassing**

**Van**

*Dennis Wittmann*

Dit boek gaat over YAML, een eenvoudige maar krachtige taal voor het maken van datastructuren en configuratiebestanden. YAML is de afgelopen jaren een populaire keuze geworden voor ontwikkelaars en systeembeheerders die flexibele, menselijk leesbare en eenvoudig te bewerken configuratiebestanden nodig hebben. YAML wordt gebruikt in verschillende toepassingen, waaronder cloud computing, DevOps, netwerkautomatisering en webontwikkeling.

Dit boek neemt je mee van de basis van YAML naar geavanceerde toepassingen. We beginnen met een introductie tot YAML en de voordelen ten opzichte van andere gegevensformaten zoals JSON en XML. We leren over de verschillende soorten gegevensstructuren in YAML, waaronder scalars, sequenties en maps, en verkennen de syntaxis van YAML-documenten in detail.

In de volgende hoofdstukken zullen we ons richten op de praktische toepassingen van YAML. We zullen zien hoe YAML wordt gebruikt in configuratiebestanden voor verschillende applicaties zoals webservers, databases en applicatieframeworks. We zullen ook zien hoe YAML wordt gebruikt in build systemen zoals Jenkins en in deployment processen zoals Kubernetes.

We zullen ook kijken naar de tools die beschikbaar zijn voor het werken met YAML, waaronder validators, parsers en editors. We leren best practices voor YAML, waaronder het volgen van syntax regels, het structureren van YAML documenten en het gebruik van commentaar en inspringen.

Tot slot bekijken we een aantal praktijkvoorbeelden en toepassingen van YAML om je een uitgebreid inzicht te geven in de mogelijkheden ervan. Of je nu een ontwikkelaar, systeembeheerder of gewoon nieuwsgierig naar YAML bent, dit boek zal je helpen YAML te beheersen en succesvol te gebruiken in verschillende toepassingen.

# Inhoudsopgave

# Inleiding

Gefeliciteerd met de aankoop van dit boek! U hebt een uitstekende beslissing genomen om uw kennis en begrip op het gebied van IT-beveiliging uit te breiden en te verdiepen.

In de huidige digitale wereld is het onderwerp IT-beveiliging relevanter dan ooit. Elke dag worden we geconfronteerd met een veelheid aan bedreigingen en uitdagingen als gevolg van de toenemende netwerkvorming van onze apparaten en systemen. Dit boek is gewijd aan precies deze onderwerpen en biedt u gedegen oplossingsrichtingen om uw IT-systemen effectief te beschermen.

Als auteur van dit boek heb ik meer dan tien jaar ervaring in IT-beveiliging. Ik heb talloze systemen beveiligd en aanvallen weerstaan in zowel professionele als privéomgevingen. Deze ervaring en mijn uitgebreide kennis zijn in dit boek verwerkt om u praktische en eenvoudig te begrijpen oplossingen te bieden.

Dit boek biedt u vele voordelen. U krijgt een uitgebreid overzicht van de verschillende aspecten van IT-beveiliging, van basistermen en -concepten tot geavanceerde beveiligingsmaatregelen en -strategieën. Dankzij de praktische voorbeelden en eenvoudig te begrijpen uitleg kunt u zich snel vertrouwd maken met de materie en waardevolle kennis opdoen voor het omgaan met huidige en toekomstige beveiligingsuitdagingen.

Als bewijs van de voordelen van dit boek kan ik wijzen op talloze succesverhalen waarin de hier gepresenteerde informatie en strategieën hebben geholpen om bedrijven en individuen te beschermen tegen gegevensverlies, financiële schade en andere negatieve gevolgen van IT-beveiligingsincidenten.

Wacht niet te lang met het toepassen van de informatie in dit boek. IT-beveiligingsbedreigingen veranderen voortdurend en het is van cruciaal belang dat u uw systemen en gegevens proactief beschermt. Hoe eerder u begint, hoe beter uw kansen om aanvallen te weerstaan en uw IT-systemen veilig te houden.

Nu is het tijd om het boek te lezen en je te verdiepen in de fascinerende wereld van IT-beveiliging. Veel succes op je reis naar een veilig digitaal leven!

# DEEL 1: INLEIDING

Welkom bij ons boek over YAML! In dit hoofdstuk geven we je een introductie tot YAML en laten we je zien waarom het een waardevolle taal is voor ontwikkelaars en systeembeheerders.

YAML staat voor "YAML Ain't Markup Language" en is een op tekst gebaseerde taal voor het maken van gegevensstructuren. In tegenstelling tot andere gegevensindelingen zoals JSON en XML, is YAML ontworpen om gemakkelijk te lezen en te schrijven, met behoud van een hoge leesbaarheid en begrijpelijkheid.

YAML kan worden gebruikt in een verscheidenheid aan toepassingen, waaronder configuratiebestanden, buildsystemen, deploymentprocessen en meer. YAML-documenten bestaan uit verschillende gegevensstructuren zoals scalars, reeksen en maps waarmee ontwikkelaars complexe gegevens kunnen opslaan op een beknopte en eenvoudig te bewerken manier.

In dit deel van het boek behandelen we de basis van YAML. We bekijken de verschillende soorten gegevensstructuren in YAML en laten zien hoe je YAML-documenten kunt maken en bewerken. We verkennen ook de verschillen tussen YAML en andere gegevensformaten zoals JSON en XML om je te laten zien waarom YAML een waardevolle toevoeging kan zijn aan je gereedschapskist als ontwikkelaar of systeembeheerder.

Als je klaar bent om in de wereld van YAML te duiken, laten we dan beginnen! We leren je alles wat je moet weten over YAML, zodat je het met succes kunt gebruiken in verschillende toepassingen.

# Hoofdstuk 1: Inleiding tot YAML

YAML is een op tekst gebaseerde taal voor het maken van gegevensstructuren die steeds belangrijker wordt voor ontwikkelaars en systeembeheerders. Het wordt gebruikt in een verscheidenheid aan toepassingen, waaronder configuratiebestanden, buildsystemen, deploymentprocessen en meer. YAML is ontworpen om gemakkelijk te lezen en te schrijven, waardoor het voor ontwikkelaars en beheerders eenvoudiger wordt om complexe gegevensstructuren op te slaan en te beheren.

In tegenstelling tot andere gegevensformaten zoals JSON en XML, is YAML ontworpen om een hoge leesbaarheid en begrijpelijkheid te behouden. Dit is vooral handig voor applicaties die door mensen bewerkt moeten worden, omdat YAML-documenten makkelijker te lezen en te begrijpen zijn dan andere gegevensformaten.

In dit hoofdstuk behandelen we de basis van YAML en laten we zien hoe je YAML documenten kunt maken en bewerken. We bekijken de verschillende soorten datastructuren in YAML, waaronder scalars, sequenties en maps. We laten ook zien hoe je YAML documenten annoteert en formatteert om de leesbaarheid te verbeteren.

We verkennen ook de verschillen tussen YAML en andere gegevensformaten zoals JSON en XML. We laten je zien waarom YAML een waardevolle toevoeging kan zijn aan je toolkit als ontwikkelaar of systeembeheerder en hoe het je kan helpen om complexe gegevensstructuren op een duidelijke en eenvoudig te bewerken manier op te slaan.

Als je klaar bent om de basis van YAML te leren en te begrijpen, laten we dan beginnen! We leren je alles wat je moet weten om YAML-documenten te maken, bewerken en begrijpen, zodat je succesvol met YAML kunt werken.

## 1.1. Wat is YAML

YAML is een op tekst gebaseerde taal voor het maken van gegevensstructuren. Het werd voor het eerst ontwikkeld door Clark Evans in 2001 en is sindsdien een populaire keuze geworden voor ontwikkelaars en systeembeheerders. De naam YAML staat voor "YAML Ain't Markup Language", wat aangeeft dat YAML niet is ontworpen als een markuptaal zoals HTML of XML, maar als een taal voor het representeren van gegevensstructuren.

In vergelijking met andere gegevensindelingen is YAML ontworpen om gemakkelijk te lezen en te schrijven. YAML-documenten kunnen worden gebruikt in een verscheidenheid aan toepassingen, waaronder configuratiebestanden, buildsystemen, deploymentprocessen en meer. De leesbaarheid van YAML-documenten maakt ze bijzonder nuttig voor toepassingen die menselijke bewerking vereisen.

YAML is ook in staat om complexe gegevensstructuren op te slaan die kunnen bestaan uit verschillende gegevenstypen zoals scalars, reeksen en mappen. Deze gegevensstructuren kunnen worden gerangschikt in een hiërarchische vorm, waardoor ze gemakkelijk te lezen en te begrijpen zijn.

In de volgende secties zullen we in meer detail kijken naar de verschillende soorten gegevensstructuren die gebruikt worden in YAML, waaronder scalars, reeksen en mappen. We zullen ook kijken naar hoe YAML documenten gemaakt en geformatteerd kunnen worden om hun leesbaarheid te verbeteren en ze makkelijker te bewerken te maken.

## 1.2. Wat zijn de voordelen van YAML?

1.2 Wat zijn de voordelen van YAML?

YAML is de laatste jaren een populaire keuze geworden voor ontwikkelaars en systeembeheerders die flexibele, menselijk leesbare en eenvoudig te bewerken configuratiebestanden nodig hebben. Het biedt vele voordelen ten opzichte van andere gegevensformaten zoals JSON of XML. In deze sectie zullen we enkele van de belangrijkste voordelen van YAML nader bekijken.

YAML is gemakkelijk te lezen en te schrijven

In vergelijking met andere gegevensformaten is YAML makkelijker te lezen en te schrijven omdat het minder syntaxelementen gebruikt en een duidelijkere structuur heeft. YAML-documenten kunnen ook van commentaar worden voorzien, wat de leesbaarheid en begrijpelijkheid nog verder verbetert.

YAML is flexibel

YAML ondersteunt een verscheidenheid aan gegevenstypen en gegevensstructuren, waaronder scalars, reeksen en maps. Dit maakt YAML bijzonder nuttig voor toepassingen die complexe gegevensstructuren moeten opslaan.

YAML is lichtgewicht

YAML-documenten zijn lichter dan andere gegevensformaten, wat betekent dat ze sneller verwerkt en overgedragen kunnen worden. Dit is vooral handig voor applicaties die grote hoeveelheden gegevens moeten verwerken.

YAML is interoperabel

YAML kan eenvoudig worden geconverteerd met andere gegevensformaten zoals JSON of XML, wat de interoperabiliteit van toepassingen vergemakkelijkt. Het is ook eenvoudig om YAML-gegevens te gebruiken in verschillende programmeertalen.

YAML is uitbreidbaar

YAML kan worden uitgebreid met extensies om extra functionaliteit te ondersteunen. YAML kan bijvoorbeeld worden uitgebreid met tags om aangepaste gegevenstypen te definiëren.

Deze voordelen maken YAML een waardevolle keuze voor ontwikkelaars en systeembeheerders die flexibele, menselijk leesbare en eenvoudig te bewerken configuratiebestanden nodig hebben. In de volgende hoofdstukken gaan we dieper in op hoe YAML gebruikt wordt in verschillende applicaties en hoe je YAML documenten kunt maken en bewerken.

## 1.3. Verschillen met andere gegevensindelingen (bijv. JSON, XML)

1.3 Verschillen met andere gegevensindelingen (bijv. JSON, XML)

YAML is een krachtige taal voor het maken van gegevensstructuren die in verschillende toepassingen wordt gebruikt. Er zijn echter andere gegevensformaten zoals JSON en XML die voor vergelijkbare doeleinden worden gebruikt. In deze sectie zullen we kijken naar de verschillen tussen YAML en andere gegevensformaten, vooral JSON en XML.

## YAML versus JSON

YAML en JSON zijn beide tekstgebaseerde gegevensformaten die kunnen worden gebruikt voor het opslaan en overdragen van gegevens. Het belangrijkste verschil is dat YAML in staat is om complexe gegevensstructuren zoals reeksen en kaarten op te slaan in een hiërarchische vorm, terwijl JSON dat niet kan. YAML gebruikt ook minder syntaxelementen dan JSON, wat de leesbaarheid ten goede komt.

## YAML versus XML

XML is een ander veelgebruikt gegevensformaat voor het opslaan en overdragen van gegevens. In tegenstelling tot YAML en JSON is XML echter niet eenvoudig te lezen en te schrijven. XML gebruikt veel syntax elementen om de structuur van gegevens te definiëren, waardoor XML documenten onhandig en moeilijk te lezen kunnen zijn. YAML daarentegen is ontworpen om gemakkelijk te lezen en te schrijven en om een duidelijke en begrijpelijke structuur te hebben.

## Interoperabiliteit tussen gegevensformaten

Een van de voordelen van YAML is dat het gemakkelijk kan worden geconverteerd met andere gegevensformaten zoals JSON en XML, wat de interoperabiliteit van toepassingen vergemakkelijkt. Deze conversie kan worden gedaan met behulp van parsers en converters, die beschikbaar zijn in veel programmeertalen.

De verschillen tussen YAML en andere gegevensformaten maken YAML een waardevolle keuze voor ontwikkelaars en systeembeheerders die flexibele, menselijk leesbare en eenvoudig te bewerken configuratiebestanden nodig hebben. In de volgende hoofdstukken gaan we dieper in op hoe YAML gebruikt wordt in verschillende toepassingen en hoe je YAML documenten kan maken en bewerken.

Hier zijn enkele voorbeelden van het vergelijken van code in YAML, JSON en XML:

YAML-voorbeeld:

```
name: John Doe
age: 30
hobbies:
  - hiking
  - photography
  - cooking
```

JSON-voorbeeld:

```
{
  "name": "John Doe",
  "age": 30,
  "hobbies": [
    "hiking",
    "photography",
    "cooking"
  ]
}
```

XML-voorbeeld:

```
<person>
  <name>John Doe</name>
  <age>30</age>
  <hobbies>
    <hobby>hiking</hobby>
    <hobby>photography</hobby>
    <hobby>cooking</hobby>
  </hobbies>
</person>
```

Zoals je kunt zien, heeft YAML een duidelijke en makkelijk te lezen structuur, terwijl JSON en XML meer syntax-elementen nodig hebben om de gegevensstructuur te definiëren. YAML biedt ook de mogelijkheid om complexe gegevensstructuren zoals lijsten en mappen op te slaan in een hiërarchische vorm, wat niet mogelijk is in JSON. XML kan complexe gegevensstructuren opslaan, maar het vereist ook meer syntax elementen en is moeilijker te lezen en schrijven dan YAML.

Samengevat maken de duidelijke structuur en de eenvoudige leesbaarheid van YAML het een goede keuze voor ontwikkelaars en systeembeheerders die flexibele, door mensen leesbare en eenvoudig te bewerken configuratiebestanden nodig hebben.

# Hoofdstuk 2: YAML basisbeginselen

Hoofdstuk 2: YAML basisbeginselen

In hoofdstuk 1 gaven we een inleiding tot YAML en legden we de voordelen van YAML uit in vergelijking met andere gegevensformaten zoals JSON en XML. Nu gaan we dieper in op de basisprincipes van YAML en kijken we naar de verschillende soorten gegevensstructuren die in YAML worden gebruikt.

In dit hoofdstuk kijken we naar scalars, sequences en maps, de basis datatypes in YAML. We zullen laten zien hoe je deze datatypes kunt gebruiken in YAML en hoe je ze kunt structureren in YAML documenten. We laten ook zien hoe je commentaar en spaties kunt gebruiken in YAML documenten om de leesbaarheid en begrijpelijkheid te verbeteren.

Als je eenmaal bekend bent met deze basisconcepten, zul je in staat zijn om YAML-documenten te maken en te bewerken en de verschillende gegevensstructuren in YAML te begrijpen. Dit zal je helpen om YAML succesvol te gebruiken in verschillende toepassingen zoals configuratiebestanden, buildsystemen en deploymentprocessen.

Laten we nu dieper in de basis van YAML duiken en kijken naar de verschillende soorten gegevensstructuren die in YAML worden gebruikt.

YAML-documenten

## 2.1 YAML-documenten

YAML documenten zijn tekstbestanden die gegevens opslaan in YAML formaat. Deze gegevens kunnen een verscheidenheid aan informatie bevatten, waaronder configuratie-informatie, database-informatie en meer. In deze sectie bekijken we de basiselementen van YAML documenten en laten we zien hoe je ze kunt gebruiken in je eigen werk.

De basisstructuur van een YAML document bestaat uit een opeenvolging van scalars, sequenties of maps. Een YAML-document begint meestal met een regel die begint met drie koppeltekens, gevolgd door een nieuwe regel. Dit geeft aan de parser aan dat het volgende materiaal een YAML-document is. Het document eindigt meestal met een nieuwe regel en drie koppeltekens om het einde van het document aan te geven.

Hier is een voorbeeld van een eenvoudig YAML-document:

```
---
name: John Doe
age: 30
```

In dit voorbeeld slaat het YAML-document de naam en leeftijd van een persoon op. Merk op dat het document begint en eindigt met drie koppeltekens en dat de gegevens zijn georganiseerd in een kaartstructuur.

In het volgende voorbeeld gebruiken we een sequentie om een lijst met hobby's op te slaan:

```
---
name: John Doe
age: 30
hobbies:
  - hiking
  - photography
  - cooking
```

In dit voorbeeld slaat het YAML-document de naam, leeftijd en een lijst met hobby's van een persoon op. Merk op dat de hobby's worden opgeslagen in een volgorde die wordt aangegeven door een koppelteken.

Samengevat bieden YAML documenten een eenvoudige en flexibele manier om gegevens op te slaan en te organiseren. In de volgende secties bekijken we de verschillende soorten gegevensstructuren die gebruikt kunnen worden in YAML, waaronder scalars, reeksen en mappen. We laten ook zien hoe je commentaar en spaties kunt gebruiken in YAML documenten om de leesbaarheid en begrijpelijkheid te verbeteren.

## 2.2 YAML-gegevensstructuren

YAML ondersteunt verschillende datatypes en datastructuren die gebruikt kunnen worden om gegevens te organiseren in een hiërarchische vorm. In deze sectie zullen we de drie basis datatypes in YAML nader bekijken: scalars, sequenties en maps.

Scalars zijn eenvoudige waarden zoals strings, getallen en booleans. Sequenties zijn lijsten van waarden die in een bepaalde volgorde zijn gerangschikt. Maps zijn key-value paren die een hiërarchische structuur kunnen hebben.

Hier zijn enkele voorbeelden van hoe deze gegevensstructuren worden gebruikt in YAML:

```
---
# Skalare
name: John Doe
age: 30
employed: true

# Sequenzen
hobbies:
  - hiking
  - photography
  - cooking

# Maps
address:
  street: Main St.
  city: Anytown
  state: CA
```

In dit voorbeeld slaan we de naam, leeftijd en werkstatus van een persoon op als scalars. We slaan ook een lijst met hobby's op als een sequentie en het adres van de persoon als een map. Merk op dat de map een hiërarchische structuur heeft in die zin dat het sleutel-waarde paren bevat die zelf ook maps kunnen zijn.

In de volgende secties gaan we dieper in op elk van deze datatypes en laten we zien hoe je ze kunt gebruiken in je YAML documenten. We zullen ook laten zien hoe je deze gegevensstructuren kunt combineren om complexe gegevensstructuren te maken.

## 2.3 YAML-gegevenstypen (scalars, reeksen, maps)

In hoofdstuk 2.2 hebben we de basis YAML gegevensstructuren geïntroduceerd: Scalars, Sequences en Maps. In deze sectie gaan we dieper in op elk van deze datatypes en laten we zien hoe je ze kunt gebruiken in je YAML documenten.

11

### 2.3.1 Engelvissen

Scalars zijn eenvoudige waarden zoals strings, getallen en booleans. Ze kunnen ook speciale scalars bevatten zoals nulwaarden of tijdstempels. Scalars worden meestal gespecificeerd zonder aanhalingstekens tenzij ze speciale karakters bevatten zoals spaties of haakjes. Wanneer scalars worden aangehaald, moet je voorzichtig zijn met welke aanhalingstekens je gebruikt om te voorkomen dat ze botsen met de YAML syntaxis.

Hier zijn enkele voorbeelden van scalars in YAML:

```
---
name: John Doe
age: 30
employed: true
email: john.doe@example.com
```

In dit voorbeeld zijn de scalars de waarden "John Doe", het getal "30", de Booleaanse waarde "true" en het e-mailadres "john.doe@example.com".

### 2.3.2 Opeenvolgingen

Sequenties zijn lijsten van waarden die in een specifieke volgorde zijn gerangschikt. Elke waarde in de sequentie wordt geïdentificeerd door een koppelteken "-" en een spatie. De waarden in een sequentie kunnen van elk gegevenstype zijn, inclusief scalars, sequenties en maps.

Hier is een voorbeeld van een sequentie in YAML:

```
---
fruits:
  - apple
  - banana
  - orange
```

In dit voorbeeld slaan we een lijst met vruchten op als een sequentie. Merk op dat de waarden in de reeks worden aangegeven door streepjes en dat de reeks wordt opgeslagen in een map.

### 2.3.3 Kaarten

Kaarten zijn sleutel-waarde paren die een hiërarchische structuur kunnen hebben. Elke sleutel in de map wordt geïdentificeerd door een dubbele punt ":" gevolgd door de bijbehorende waarde. Kaarten kunnen ook genest worden door ze te gebruiken als waarden in een andere kaart of reeks.

Hier is een voorbeeld van een eenvoudige kaart in YAML:

```
---
person:
  name: John Doe
  age: 30
```

In dit voorbeeld slaan we de naam en leeftijd van een persoon op als sleutelwaardeparen in een map. Merk op dat de map wordt gebruikt als een waarde in een bovenliggende map.

Samengevat is YAML een flexibele en krachtige taal voor het opslaan en organiseren van gegevens. Door gebruik te maken van scalars, sequenties en maps, kun je complexe gegevensstructuren opslaan en er gemakkelijk toegang toe krijgen in een hiërarchische vorm. In de volgende secties laten we zien hoe je deze gegevensstructuren structureert in YAML documenten en hoe je commentaar en witruimte gebruikt om de leesbaarheid en begrijpelijkheid te verbeteren. We laten je ook zien hoe je andere soorten gegevens kunt gebruiken, zoals ankers en aliassen, om herhalende structuren in YAML-documenten te vermijden.

Over het algemeen biedt YAML een eenvoudige en flexibele manier om gegevens te organiseren en op te slaan. Door scalars, reeksen en mappen te combineren, kun je complexe gegevensstructuren maken en openen, waardoor het een geweldig hulpmiddel is voor ontwikkelaars en gegevensanalisten. In de volgende secties gaan we dieper in op de verschillende aspecten van YAML en laten we zien hoe je het in je eigen code kunt gebruiken.

## 2.4 Opmerkingen en inspringingen

Naast het gebruik van scalars, sequenties en maps, kun je ook commentaar en inspringingen gebruiken in YAML om de leesbaarheid en begrijpelijkheid van je documenten te verbeteren. In deze sectie laten we zien hoe je commentaar en inspringingen kunt gebruiken in YAML documenten.

### 2.4.1 Opmerkingen

Commentaar in YAML begint met het "#" symbool en gaat tot het einde van de regel. Commentaar kan gebruikt worden om uitleg of hints te geven over een bepaalde sectie of waarde in je YAML document. Opmerkingen worden genegeerd door de YAML parser en hebben geen invloed op de waarde of structuur van het document.

Hier is een voorbeeld van het gebruik van commentaar in YAML:

```
---
# Dies ist ein Kommentar für die gesamte YAML-Datei
person:
    # Dies ist ein Kommentar für die Map "person"
    name: John Doe
    age: 30 # Dies ist ein Kommentar für das Alter von John Doe
```

In dit voorbeeld hebben we commentaar gebruikt voor het hele YAML-bestand en voor de map "person" en de leeftijd van John Doe. Merk op dat commentaar wordt aangeduid met "#" en dat het niet kan worden ingesloten in de waarde zelf.

### 2.4.2 Inhammen

Indentaties in YAML worden gebruikt om de hiërarchie van maps en sequenties te definiëren. Indentaties worden gemaakt met spaties of tabs en kunnen gebruikt worden om de structuur van het YAML document te verduidelijken. Aanhalingstekens moeten consistent gebruikt worden omdat YAML aanhalingstekens gebruikt in plaats van haakjes of andere symbolen om de hiërarchie weer te geven.

Hier is een voorbeeld van het gebruik van inspringing in YAML:

```
---
person:
  name: John Doe
  age: 30
  address:
    street: Main St.
    city: Anytown
    state: CA
```

In dit voorbeeld gebruiken we inspringing om de hiërarchische structuur van de persoonskaart te definiëren. Merk op dat de waarden "naam" en "leeftijd" één niveau lager zijn dan "persoon", terwijl de map "adres" twee niveaus lager is.

Samengevat helpen commentaar en inspringingen in YAML de leesbaarheid en begrijpelijkheid van documenten te verbeteren. Door opmerkingen te gebruiken, kun je uitleg of notities toevoegen aan specifieke delen van je code, terwijl inspringingen helpen om de hiërarchie van mappen en reeksen te verduidelijken. In de volgende secties gaan we dieper in op het gebruik van inspringing en andere geavanceerde functies van YAML.

Deel 1: Inleiding tot YAML

In deel 1 hebben we de basis van YAML geïntroduceerd, inclusief syntaxis, gegevensstructuren en verschillende soorten gegevens. We hebben gekeken naar scalars, sequenties en maps en laten zien hoe deze gebruikt kunnen worden in YAML documenten. We hebben ook de verschillen uitgelegd met andere gegevensformaten zoals JSON en XML en laten zien hoe YAML daarvan verschilt.

In Hoofdstuk 2 hebben we gekeken naar de basis van YAML, inclusief het gebruik van commentaar en inspringen om de leesbaarheid en begrijpelijkheid van YAML documenten te verbeteren. We hebben laten zien hoe commentaar kan worden gebruikt om uitleg of notities toe te voegen aan specifieke delen van documenten, en hoe inspringingen worden gebruikt om de hiërarchie van mappen en reeksen te definiëren.

Over het algemeen biedt YAML een flexibele en krachtige manier om gegevens te organiseren en op te slaan. Door het gebruik van scalars, sequenties en maps kun je complexe gegevensstructuren opslaan en er gemakkelijk toegang toe krijgen in een hiërarchische vorm. Door gebruik te maken van commentaar en inspringen kun je de leesbaarheid en begrijpelijkheid van je YAML documenten verbeteren. In de volgende delen van het boek kijken we naar geavanceerde functies van YAML en laten we zien hoe je YAML kunt gebruiken in je eigen projecten.

In deel 2 van het boek kijken we naar de YAML syntaxis en geavanceerde mogelijkheden van YAML. Specifiek kijken we naar de volgende onderwerpen:

Hoofdstuk 3: Schalen, reeksen en kaarten

In dit hoofdstuk bespreken we de basis van YAML en gaan we dieper in op scalars, sequences en maps. We zullen laten zien hoe je deze typen gegevens kunt gebruiken in YAML documenten en hoe je ze kunt benaderen.

Hoofdstuk 4: Complexe gegevensstructuren

In dit hoofdstuk bekijken we het gebruik van geneste structuren en overerving in YAML. We zullen laten zien hoe je complexe gegevensstructuren kunt maken die bestaan uit verschillende componenten en hoe je overerving kunt gebruiken om gemeenschappelijke eigenschappen en gedragingen te definiëren.

# DEEL 2: YAML SYNTAXIS

In deel 2 van ons boek kijken we naar de YAML syntaxis en geavanceerde functies van YAML. We zullen kijken naar het gebruik van scalars, sequenties en maps om complexe datastructuren te maken. We behandelen ook het gebruik van ankers en aliassen om de leesbaarheid van YAML documenten te verbeteren. Verder kijken we naar het formatteren van meerregelige scalars en strings en laten we zien hoe je geneste structuren en overerving kunt gebruiken in YAML. We zullen ook gebruiksvoorbeelden geven en laten zien hoe je YAML kunt toepassen in je eigen werk.

Door de geavanceerde functies van YAML te gebruiken, kun je de leesbaarheid en begrijpelijkheid van je YAML-documenten verbeteren en complexe datastructuren maken. Dus als je dieper wilt duiken in de YAML syntaxis en wilt leren hoe je deze kunt toepassen in je werk, dan is deel 2 van het boek iets voor jou.

# Hoofdstuk 3: Schalen, reeksen en kaarten

## 3.1 Scalars in YAML

Scalars in YAML zijn eenvoudigweg waarden zoals getallen, tekst of waarheidswaarden. Scalars in YAML kunnen impliciet of expliciet gespecificeerd worden. Hieronder staan enkele voorbeelden van de verschillende soorten scalars in YAML:

Impliciete scalars:

Impliciete scalars zijn waarden die herkend kunnen worden als scalars zonder expliciete labeling. Hier zijn enkele voorbeelden van impliciete scalars in YAML:

```
string: Hallo Welt
integer: 42
float: 3.14
boolean: true
```

Expliciete maanvis:

Expliciete scalars zijn waarden die geïdentificeerd worden als scalars door een voor- of achtervoegsel. Hier zijn enkele voorbeelden van expliciete scalars in YAML:

```
string: !!str Hallo Welt
integer: !!int 42
float: !!float 3.14
boolean: !!bool true
```

Meerlijnige maanvis:

Meerregelige balken kunnen worden weergegeven in YAML met behulp van de verticale balk. Met multiline scalars kun je tekst met regeleinden invoeren in YAML. Hier is een voorbeeld van een meerregelige scalar:

```
mehrzeilig: |
  Dies ist ein mehrzeiliger Skalar.
  Er kann mehrere Zeilen Text enthalten.
  Die Zeilenumbrüche werden beibehalten.
```

## 3.2 Opeenvolgingen in YAML

Sequenties in YAML zijn geordende lijsten van waarden aangegeven met koppeltekens (-). Hier zijn enkele voorbeelden van het gebruik van sequenties in YAML:

Voorbeeld van een reeks met getallen:

```
zahlen:
  - 1
  - 2
  - 3
```

Voorbeeld van een reeks met teksten:

```
texte:
  - Erster Text
  - Zweiter Text
  - Dritter Text
```

Voorbeeld van een reeks met gemengde waarden:

```
gemischt:
  - 1
  - Text
  - true
```

## 3.3 Kaarten in YAML

Maps in YAML zijn een manier om key-value paren op te slaan. Maps in YAML worden weergegeven door accolades {} en sleutels en waarden worden gescheiden door een dubbele punt. Hier zijn enkele voorbeelden van het gebruik van maps in YAML:

Voorbeeld van een kaart met nummers:

```
zahlen:
  eins: 1
  zwei: 2
  drei: 3
```

Voorbeeld van een kaart met teksten:

```
texte:
  name: Max Mustermann
  adresse: Musterstraße 123
  stadt: Musterstadt
```

Voorbeeld van een kaart met gemengde waarden:

```
gemischt:
  name: Max Mustermann
  alter: 30
  verheiratet: true
```

Dit waren enkele voorbeelden van het gebruik van scalars, sequenties en maps in YAML.

# Hoofdstuk 4: Complexe gegevensstructuren

## 4.1 Geneste kaarten

Maps in YAML kunnen genest worden om complexe gegevensstructuren te maken. Hier is een voorbeeld van een geneste map:

```
person:
  name: Max Mustermann
  alter: 30
  adresse:
    straße: Musterstraße 123
    stadt: Musterstadt
    plz: 12345
```

In dit voorbeeld is de kaart "adres" genest in de kaart "persoon". Hierdoor kan alle informatie over de persoon worden georganiseerd in een enkele kaart.

## 4.2 Opeenvolgingen van kaarten

Sequenties in YAML kunnen ook maps bevatten. Hier is een voorbeeld van een sequentie van maps:

```
personen:
  - name: Max Mustermann
    alter: 30
    adresse:
      straße: Musterstraße 123
      stadt: Musterstadt
      plz: 12345
  - name: Anna Schmidt
    alter: 25
    adresse:
      straße: Musterstraße 456
      stadt: Musterstadt
      plz: 12345
```

In dit voorbeeld bevat de reeks "personen" twee kaarten, die elk de informatie van één persoon bevatten.

## 4.3 Overerving van kaarten

Overerving kan ook gebruikt worden in YAML om gemeenschappelijke eigenschappen en gedrag in maps te definiëren. Hier is een voorbeeld van het gebruik van overerving in YAML:

```yaml
person:
  &default
  name: Max Mustermann
  alter: 30
  adresse:
    straße: Musterstraße 123
    stadt: Musterstadt
    plz: 12345


angestellter:
  <<: *default
  position: Entwickler
  gehalt: 5000


student:
  <<: *default
  studiengang: Informatik
  semester: 3
```

In dit voorbeeld wordt een map "default" gedefinieerd die algemene eigenschappen en gedragingen van personen bevat. De kaarten "werknemer" en "student" erven deze eigenschappen en voegen hun eigen eigenschappen toe.

Dit waren enkele voorbeelden van het gebruik van complexe gegevensstructuren in YAML.

In deel 2 van het boek hebben we gekeken naar de YAML syntaxis en geavanceerde functies van YAML. We hebben gekeken naar scalars, sequences en maps en laten zien hoe deze gebruikt kunnen worden in YAML documenten. We behandelden ook geavanceerde functies zoals ankers en aliassen, meerregelige scalars en opmaak van tekenreeksen, geneste structuren en overerving. We presenteerden gebruiksvoorbeelden en lieten zien hoe YAML in de praktijk gebruikt kan worden.

Samengevat is YAML een krachtig en flexibel gegevensformaat waarmee ontwikkelaars complexe gegevensstructuren kunnen weergeven in een eenvoudige en beter leesbare vorm. Het gebruik van YAML heeft veel voordelen, zoals een betere leesbaarheid van gegevens, eenvoudiger beheer van gegevensstructuren en een betere samenwerking tussen ontwikkelaars.

We hopen dat dit boek je heeft geholpen om YAML beter te begrijpen en te waarderen, en dat je in staat bent om de geavanceerde functies van YAML toe te passen in je eigen werk.

# DEEL 3: YAML-TOEPASSINGEN

In deel 3 van het boek kijken we naar de praktische toepassingen van YAML. We zullen kijken naar een aantal voorbeelden van hoe YAML kan worden gebruikt in verschillende toepassingen om gegevens op te slaan, configuraties te beheren en bestanden te genereren. We zullen ook enkele tools en bibliotheken introduceren die met YAML werken, evenals best practices en goede manieren om YAML in de praktijk te gebruiken.

Door YAML te gebruiken in je werk, kun je de leesbaarheid en begrijpelijkheid van je gegevens en configuraties verbeteren en tegelijkertijd de ontwikkelingstijd verkorten. Dus, als je wilt leren hoe YAML kan worden gebruikt in verschillende toepassingen en hoe je de geavanceerde functies van YAML kunt toepassen in je eigen werk, dan is deel 3 van het boek echt iets voor jou.

# Hoofdstuk 5: YAML gebruiken in configuratiebestanden

## 5.1 Voordelen van YAML in configuratiebestanden

YAML is uitstekend geschikt voor gebruik in configuratiebestanden. YAML configuratiebestanden zijn gemakkelijker te lezen en te schrijven dan traditionele configuratiebestanden omdat ze een duidelijke en consistente syntaxis hebben. Ze zijn ook flexibeler en kunnen verschillende soorten gegevensstructuren bevatten, zoals mappen, reeksen en scalars.

## 5.2 Voorbeeld van een YAML configuratiebestand

Hier is een voorbeeld van een YAML-configuratiebestand dat kan worden gebruikt voor een webapplicatie:

```
# YAML-Konfigurationsdatei für eine Webanwendung

datenbank:
  host: localhost
  benutzer: db_benutzer
  passwort: geheimes_passwort
  datenbankname: meine_webapp_db

server:
  port: 8080
  host: 0.0.0.0

logging:
  level: info
  dateiname: webapp.log
```

In dit voorbeeld bevat het configuratiebestand de database-informatie, de serverpoort en het logniveau voor een webapplicatie.

## 5.3 Variabelen en ankers gebruiken in YAML configuratiebestanden

YAML-configuratiebestanden kunnen ook variabelen en ankers gebruiken om de herbruikbaarheid van code en configuraties te vergroten. Hier is een voorbeeld van het gebruik van variabelen en ankers in YAML:

```
# YAML-Konfigurationsdatei mit Variablen und Anker


&datenbank_informationen
  host: localhost
  benutzer: db_benutzer
  passwort: geheimes_passwort
  datenbankname: meine_webapp_db


datenbank:
  <<: *datenbank_informationen


server:
  port: 8080
  host: 0.0.0.0


logging:
  level: info
  dateiname: webapp.log
```

In dit voorbeeld wordt een map gedefinieerd met database-informatie als anker, die vervolgens wordt hergebruikt in de map "database".

Dit waren enkele voorbeelden van het gebruik van YAML in configuratiebestanden.

# Hoofdstuk 6: YAML gebruiken in bouwsystemen en implementatieprocessen

## 6.1 YAML gebruiken in bouwsystemen

YAML wordt vaak gebruikt in bouwsystemen om complexe bouwprocessen te definiëren en te automatiseren. Bouwsystemen zoals Jenkins, Travis CI en CircleCI gebruiken YAML-bestanden om het bouwproces te definiëren. Deze bestanden kunnen verschillende stappen, tests en acties definiëren die moeten worden uitgevoerd om de applicatie te bouwen en te implementeren.

Hier is een voorbeeld van het gebruik van YAML in een buildsysteem:

```
# YAML-Datei für einen Build-Prozess in Travis CI

language: python
python:
  - "3.7"

install:
  - pip install -r requirements.txt

script:
  - python test.py
```

In dit voorbeeld wordt een Travis CI build bestand gedefinieerd in YAML dat het build proces beschrijft voor een Python applicatie. De installatie- en scriptstappen installeren de afhankelijkheden en voeren de tests uit.

## 6.2 YAML gebruiken in deployment processen

YAML wordt ook gebruikt in deploymentprocessen om de deployment van applicaties naar verschillende omgevingen te definiëren en automatiseren. Tools zoals Ansible, Kubernetes en Docker Compose gebruiken YAML-bestanden om de inzet van applicaties en containers te definiëren.

Hier is een voorbeeld van het gebruik van YAML in een Kubernetes implementatie:

```yaml
# YAML-Datei für ein Kubernetes-Deployment

apiVersion: apps/v1
kind: Deployment
metadata:
  name: meine-app
spec:
  replicas: 3
  selector:
    matchLabels:
      app: meine-app
  template:
    metadata:
      labels:
        app: meine-app
    spec:
      containers:
        - name: meine-app-container
          image: meine-app-image:latest
          ports:
            - containerPort: 8080
```

In dit voorbeeld wordt een YAML-bestand gedefinieerd dat de implementatie van drie replica's van een applicatie in Kubernetes beschrijft. Het YAML-bestand definieert ook de te gebruiken container en de poort waarop de applicatie draait.

Dit waren enkele voorbeelden van het gebruik van YAML in buildsystemen en deploymentprocessen.

In deel 3 van het boek hebben we gekeken naar de praktische toepassingen van YAML. We hebben gekeken naar hoe YAML kan worden gebruikt in configuratiebestanden en in buildsystemen en deploymentprocessen. We hebben ook een aantal tools en bibliotheken gepresenteerd die met YAML werken, evenals best practices en goede manieren om YAML in de praktijk te gebruiken.

Samengevat is YAML een veelzijdig en nuttig gegevensformaat dat in verschillende toepassingen en omgevingen kan worden gebruikt. Door YAML te gebruiken, kunnen ontwikkelaars de leesbaarheid en begrijpelijkheid van gegevens en configuraties verbeteren en tegelijkertijd de ontwikkelingstijd verkorten. We hopen dat dit deel van het boek je heeft geholpen om de verschillende toepassingen van YAML beter te begrijpen en te waarderen.

# DEEL 4: YAML TOOLS EN BEST PRACTICES

In deel 4 van het boek kijken we naar tools en best practices voor het gebruik van YAML. We zullen een aantal van de beste tools en bibliotheken presenteren die met YAML werken, evenals bewezen methodes en best practices voor het gebruik van YAML in de praktijk.

Door de juiste tools en methoden te gebruiken, kun je de efficiëntie en nauwkeurigheid van je werk met YAML verbeteren. Je kunt er ook voor zorgen dat je YAML-bestanden leesbaar en begrijpelijk zijn, en dat ze voldoen aan de vereisten van je applicatie. We hopen dat dit deel van het boek je zal helpen bij het vinden en gebruiken van de beste tools en methoden voor het gebruik van YAML.

# Hoofdstuk 7: YAML gereedschappen

## 7.1 YAML-parser

Een YAML parser is een tool die YAML bestanden parseert en omzet in een interne representatie die gebruikt kan worden door andere tools en applicaties. Er bestaan YAML parsers voor verschillende programmeertalen zoals Python, Ruby, Java en JavaScript. Enkele van de meest populaire YAML parsers zijn PyYAML, Ruby YAML en SnakeYAML.

YAML Parser is een onmisbaar hulpmiddel voor ontwikkelaars die met YAML werken. Met de parser kunnen ontwikkelaars YAML-bestanden omzetten in een interne representatie die vervolgens door andere applicaties en tools kan worden gebruikt. Daarbij herkent de parser de YAML-syntaxis en zet hij de gegevensstructuren om in de juiste formaten.

## 7.2 YAML-validators

Een YAML-validator is een hulpmiddel dat YAML-bestanden controleert op geldigheid en conformiteit met de YAML-specificaties. Enkele van de meest populaire YAML-validators zijn yamllint, yamale en jsonschema.

YAML-validators zijn een belangrijk hulpmiddel voor ontwikkelaars om ervoor te zorgen dat hun YAML-bestanden correct zijn en voldoen aan de YAML-specificaties. De validator kan helpen bij het identificeren van syntaxisfouten en andere problemen die de functionaliteit van de applicatie kunnen beïnvloeden.

## 7.3 YAML-editors

Een YAML-editor is een hulpmiddel dat speciaal is ontworpen voor het bewerken van YAML-bestanden. Enkele van de populairste YAML-editors zijn Visual Studio Code met de YAML-extensie, Atom met de taal-yaml-extensie en Sublime Text met YAML-ondersteuning.

YAML-editors zijn een handig hulpmiddel voor ontwikkelaars om YAML-bestanden snel en eenvoudig te bewerken. Met een YAML-editor kunnen ontwikkelaars YAML-syntaxis eenvoudiger lezen en schrijven, waardoor de kans op syntaxisfouten en andere fouten afneemt.

## 7.4 YAML tools voor bouwsystemen en deployment processen

Er zijn ook speciale YAML-tools voor buildsystemen en deploymentprocessen waarmee ontwikkelaars YAML-bestanden kunnen gebruiken om builds en deployments te automatiseren. Enkele van de populairste YAML-tools voor bouwsystemen en implementatieprocessen zijn Jenkins, Travis CI, CircleCI, Ansible en Kubernetes.

YAML-tools voor buildsystemen en deploymentprocessen helpen ontwikkelaars om hun applicaties sneller en efficiënter te bouwen en uit te rollen. Deze tools gebruiken YAML-bestanden om het buildproces en de deploymentprocessen te definiëren en te automatiseren. Door gebruik te maken van YAML-tools voor buildsystemen en deploymentprocessen kunnen ontwikkelaars hun applicaties sneller en betrouwbaarder implementeren, terwijl de onderhoudstijd en -kosten afnemen.

Dit waren enkele voorbeelden van YAML-tools die ontwikkelaars helpen om YAML-bestanden te analyseren, valideren en bewerken, maar ook om ze te gebruiken voor buildsystemen en deploymentprocessen.

# Hoofdstuk 8: Beste praktijken voor YAML

YAML is een veelzijdig en flexibel gegevensformaat dat gebruikt kan worden voor verschillende toepassingen. Om je YAML bestanden leesbaar, begrijpelijk en foutloos te houden, zijn er een aantal best practices die je moet volgen. In dit hoofdstuk presenteren we de belangrijkste best practices voor het werken met YAML en geven we praktische voorbeelden van hoe je deze best practices implementeert.

## 8.1 Gebruik consistente notatie

Een consistente notatie gebruiken is een van de belangrijkste best practices voor het werken met YAML. Je zou consistente notatie moeten gebruiken om ervoor te zorgen dat je YAML-bestanden leesbaar en begrijpelijk blijven. Hier zijn enkele voorbeelden van consistent schrijven:

Gebruik altijd kleine letters voor trefwoorden.

Gebruik consistente notatie voor waarden en strings (bijvoorbeeld "camelCase" of "snake_case").

Gebruik een consistente inspringing (bijvoorbeeld 2 of 4 spaties).

Een voorbeeld van een YAML-bestand met een consistente notatie:

```
person:
  firstName: John
  lastName: Doe
  age: 25
  email: john.doe@example.com
```

## 8.2 Gebruik opmerkingen spaarzaam en selectief

Commentaar is een manier om je YAML-bestanden te documenteren en uit te leggen. Ze moeten echter spaarzaam en selectief gebruikt worden om je YAML-bestanden leesbaar en begrijpelijk te houden. Hier zijn enkele best practices voor het gebruik van commentaar:

Gebruik opmerkingen om complexe configuraties of ongebruikelijke beslissingen uit te leggen.

Vermijd overbodig commentaar dat al duidelijk wordt uitgedrukt door de YAML syntaxis.

Gebruik een consistente spelling voor je opmerkingen.

Een voorbeeld van een YAML-bestand met gerichte opmerkingen:

```
# YAML-Konfiguration für eine einfache Webanwendung

# Definition des Servers
server:
  host: localhost
  port: 8080

# Konfiguration der Datenbank
database:
  name: mydb
  user: myuser
  password: mypassword

# Konfiguration der Anwendung
application:
  name: MyApp
  version: 1.0.0
```

## 8.3 Snelkoppelingen en ankers gebruiken

YAML biedt verschillende functies om de leesbaarheid en onderhoudbaarheid van je YAML-bestanden te verbeteren. Twee van deze functies zijn snelkoppelingen en ankers. Snelkoppelingen zijn snelkoppelingen voor veelgebruikte gegevensstructuren zoals lijsten en woordenboeken. Ankers zijn een manier om te verwijzen naar terugkerende gegevensstructuren om de onderhoudbaarheid van je YAML-bestanden te verbeteren.

Een voorbeeld van het gebruik van snelkoppelingen en ankers in YAML:

```
# Verwendung von Shortcuts und Anker
person: &person
  firstName: John
  lastName: Doe
  age: 25
```

## 8.4 Vermijd complexe gegevensstructuren

Het is belangrijk om bij het werken met YAML-bestanden op te letten dat je geen onnodig complexe gegevensstructuren maakt. Vermijd complexe datastructuren die moeilijk te lezen en te begrijpen zijn. Gebruik in plaats daarvan eenvoudige en begrijpelijke gegevensstructuren die gemakkelijk te onderhouden en bij te werken zijn.

Een voorbeeld van het vermijden van complexe gegevensstructuren:

```yaml
# Vermeidung komplexer Datenstrukturen
person:
  name:
    first: John
    last: Doe
  address:
    street: Elm Street
    city: Springfield
    state: CA
    zip: 90210
  contact:
    phone:
      home: 555-555-1234
      work: 555-555-5678
    email:
      personal: john.doe@example.com
      work: john.doe@work.com
```

## 8.5 Omgevingsvariabelen gebruiken

Een best practice voor het scheiden van configuratiegegevens van applicatiecode is het gebruik van omgevingsvariabelen. Met omgevingsvariabelen kun je configuratiegegevens centraliseren in een YAML-bestand en die gegevens vervolgens beschikbaar maken in de applicatie via omgevingsvariabelen. Hierdoor kun je configuratiegegevens eenvoudiger en veiliger beheren.

Een voorbeeld van het gebruik van omgevingsvariabelen in YAML:

32

```
# Verwendung von Umgebungsvariablen
database:
  name: ${DATABASE_NAME}
  user: ${DATABASE_USER}
  password: ${DATABASE_PASSWORD}
```

Dit waren enkele van de belangrijkste best practices voor het werken met YAML. Door deze best practices te volgen, kun je ervoor zorgen dat je YAML-bestanden leesbaar, begrijpelijk en foutloos blijven.

Samenvatting Deel 4: YAML-tools en best practices

In deel 4 van ons boek hebben we gekeken naar YAML tools en best practices. In hoofdstuk 7 hebben we de belangrijkste tools en bibliotheken gepresenteerd die nuttig kunnen zijn bij het werken met YAML. Dit zijn onder andere parsers, validators, converters en frameworks.

In hoofdstuk 8 hebben we best practices voor het werken met YAML beschreven. We benadrukten het belang van het gebruik van consistente notatie, het spaarzaam en selectief gebruik van commentaar en het vermijden van complexe datastructuren. We hebben ook het gebruik van snelkoppelingen, ankers en omgevingsvariabelen aanbevolen om de leesbaarheid en onderhoudbaarheid van je YAML bestanden te verbeteren.

Door de tools en best practices uit deel 4 toe te passen, kun je je werk met YAML efficiënter en effectiever maken. Of je YAML nu gebruikt in configuratiebestanden, buildsystemen of deploymentprocessen, kennis van YAML tools en best practices kan je helpen tijd te besparen en fouten te voorkomen.

# DEEL 5: VOORBEELDEN EN TOEPASSINGEN

In dit deel van ons boek kijken we naar voorbeelden en toepassingen van YAML. We laten je praktische toepassingen zien van YAML in verschillende gebieden en hoe je YAML kunt gebruiken in je eigen werk.

In dit deel van het boek geven we je concrete voorbeelden en toepassingen van YAML, zodat je beter begrijpt hoe YAML in de praktijk wordt gebruikt. We behandelen verschillende toepassingsgebieden, zoals softwareontwikkeling, DevOps, Big Data en IoT.

We laten je ook zien hoe je YAML kunt gebruiken in combinatie met andere tools en technologieën om nog betere resultaten te bereiken. Onderweg kijken we ook naar best practices en tips en trucs om je werk met YAML te optimaliseren.

In dit deel van het boek zul je zien hoe veelzijdig en nuttig YAML kan zijn. We hopen dat je geïnspireerd raakt door de voorbeelden en toepassingen in dit deel van het boek en dat je nieuwe manieren ontdekt om YAML in je eigen werk te gebruiken.

# Hoofdstuk 9: Voorbeeldconfiguratiebestanden

In dit hoofdstuk presenteren we enkele voorbeelden van configuratiebestanden in YAML. Configuratiebestanden zijn een veelgebruikt gebruik van YAML en worden meestal gebruikt om de instellingen voor een applicatie of systeem op te slaan.

In dit hoofdstuk laten we zien hoe je YAML kunt gebruiken om configuratiebestanden te maken voor verschillende toepassingsgebieden. We delen ook enkele best practices voor het werken met configuratiebestanden om ervoor te zorgen dat je configuratiebestanden leesbaar, begrijpelijk en foutloos blijven.

## 9.1 Voorbeeld configuratiebestand voor een webapplicatie

Hier is een voorbeeld van een YAML-configuratiebestand voor een eenvoudige webapplicatie:

```yaml
# YAML-Konfiguration für eine Webanwendung

# Definition des Servers
server:
  host: localhost
  port: 8080

# Konfiguration der Datenbank
database:
  name: mydb
  user: myuser
  password: mypassword

# Konfiguration der Anwendung
application:
  name: MyApp
  version: 1.0.0
```

Dit YAML-configuratiebestand bevat de instellingen voor de server, de database en de applicatie. De individuele instellingen zijn duidelijk en begrijpelijk gerangschikt in een hiërarchische structuur, wat de onderhoudbaarheid en leesbaarheid van het configuratiebestand verbetert.

## 9.2 Voorbeeld configuratiebestand voor een DevOps-systeem

Hier is een voorbeeld van een YAML-configuratiebestand voor een DevOps-systeem:

```
# YAML-Konfiguration für ein DevOps-System

# Konfiguration des Continuous Integration-Systems
ci:
  type: jenkins
  url: http://jenkins.example.com
  user: jenkins
  password: jenkins123

# Konfiguration des Continuous Deployment-Systems
cd:
  type: kubernetes
  url: http://kubernetes.example.com
  user: kubernetes
  password: kubernetes123

# Konfiguration des Source Code-Management-Systems
scm:
  type: git
  url: http://github.com/myorg/myrepo
  user: myuser
  password: mypassword
```

Dit YAML-configuratiebestand bevat de instellingen voor een DevOps-systeem, inclusief het Continuous Integration-systeem, het Continuous Deployment-systeem en het Source Code Management-systeem. De hiërarchische structuur van het configuratiebestand maakt het gemakkelijk om de instellingen te begrijpen en te wijzigen.

## 9.3 Voorbeeld configuratiebestand voor Big Data

Hier is een voorbeeld van een YAML configuratiebestand voor een Big Data systeem:

```yaml
# YAML-Konfiguration für ein Big Data-System

# Konfiguration des Hadoop-Clusters
hadoop:
  namenode:
    hostname: namenode.example.com
    port: 9000
  datanodes:
    - hostname: datanode1.example.com
      port: 50010
    - hostname: datanode2.example.com
      port: 50010

# Konfiguration des Spark-Clusters
spark:
  master:
    hostname:
    port: 7077
    workers: 4

# Konfiguration des Kafka-Clusters
kafka:
  brokers:
    - hostname: kafka1.example.com
      port: 9092
    - hostname: kafka2.example.com
      port: 9092

# Konfiguration des Cassandra-Clusters
cassandra:
  nodes:
    - hostname: cassandra1.example.com
      port: 9042
    - hostname: cassandra2.example.com
      port: 9042
```

Dit YAML-configuratiebestand bevat de instellingen voor een Big Data-systeem, inclusief het Hadoop-cluster, het Spark-cluster, het Kafka-cluster en het Cassandra-cluster.

De hiërarchische structuur van het configuratiebestand maakt het eenvoudig om de instellingen te begrijpen en te wijzigen.

In dit hoofdstuk hebben we je een aantal voorbeelden gegeven van configuratiebestanden in YAML. We hopen dat deze voorbeelden je laten zien hoe veelzijdig YAML gebruikt kan worden in verschillende toepassingsgebieden.

# Hoofdstuk 10: Voorbeelden van complexe gegevensstructuren

In dit hoofdstuk geven we je enkele voorbeelden van complexe datastructuren in YAML. Complexe datastructuren zijn een belangrijke toepassing voor YAML, omdat je met YAML complexe data op een duidelijke en begrijpelijke manier kunt structureren.

In dit hoofdstuk laten we je zien hoe je complexe datastructuren kunt maken in YAML en hoe je ze kunt gebruiken. We delen ook enkele best practices voor het werken met complexe datastructuren om ervoor te zorgen dat je YAML-bestanden leesbaar, begrijpelijk en foutloos blijven.

## 10.1 Voorbeeld van een complexe gegevensstructuur: werknemersdatabase

Hier is een voorbeeld van een complexe gegevensstructuur in YAML die een werknemersdatabase voorstelt:

```
# YAML-Datenstruktur für eine Mitarbeiterdatenbank

# Definition der Mitarbeiter
mitarbeiter:
  - name: Max Mustermann
    alter: 35
    abteilung: IT
    projekte:
      - name: Projekt A
        kunde: Kunde A
        dauer: 6 Monate
      - name: Projekt B
        kunde: Kunde B
        dauer: 9 Monate
  - name: Anna Schmidt
    alter: 28
    abteilung: Marketing
    projekte:
      - name: Projekt C
        kunde: Kunde C
        dauer: 12 Monate
      - name: Projekt D
        kunde: Kunde D
        dauer: 3 Monate
```

Deze YAML-gegevensstructuur bevat informatie over werknemers en hun bijbehorende projecten. De hiërarchische structuur van de gegevensstructuur maakt het gemakkelijk om de relaties tussen de gegevens te begrijpen en er doorheen te navigeren.

## 10.2 Voorbeeld van een complexe gegevensstructuur: productcatalogus

Hier is een voorbeeld van een complexe gegevensstructuur in YAML die een productcatalogus voorstelt:

```
# YAML-Datenstruktur für einen Produktkatalog

# Definition der Kategorien
kategorien:
  - name: Bücher
    produkte:
      - name: Buch A
        autor: Autor A
        preis: 20.00
      - name: Buch B
        autor: Autor B
        preis: 25.00
  - name: Elektronik
    produkte:
      - name: Smartphone A
        hersteller: Hersteller A
        preis: 500.00
      - name: Laptop B
        hersteller: Hersteller B
        preis: 1200.00
```

Deze YAML-gegevensstructuur bevat informatie over verschillende producten in verschillende categorieën. De hiërarchische structuur van de gegevensstructuur maakt het gemakkelijk om de relaties tussen de gegevens te begrijpen en er doorheen te navigeren.

In dit hoofdstuk hebben we je enkele voorbeelden gegeven van complexe datastructuren in YAML. We hopen dat deze voorbeelden je laten zien hoe veelzijdig YAML gebruikt kan worden in verschillende toepassingsgebieden.

# Hoofdstuk 11: Toepassingen van YAML in de praktijk

In dit hoofdstuk geven we je enkele praktische toepassingsvoorbeelden voor YAML. YAML is een veelzijdig gegevensformaat en wordt in veel verschillende toepassingsgebieden gebruikt. We laten je in dit hoofdstuk zien hoe YAML in de praktijk wordt gebruikt en welke voordelen het biedt.

## 11.1 YAML gebruiken in de Kubernetes configuratie

YAML wordt vaak gebruikt bij de configuratie van Kubernetes-clusters. Kubernetes is een open source systeem voor het automatiseren van de inzet, het schalen en het beheer van gecontaineriseerde applicaties. YAML wordt gebruikt om Kubernetes-objecten zoals pods, services en implementaties te definiëren en configureren.

Hier is een voorbeeld van de YAML-configuratie van een Kubernetes-implementatie:

```yaml
apiVersion: apps/v1
kind: Deployment
metadata:
  name: my-deployment
spec:
  replicas: 3
  selector:
    matchLabels:
      app: my-app
  template:
    metadata:
      labels:
        app: my-app
    spec:
      containers:
      - name: my-container
        image: my-image
        ports:
        - containerPort: 8080
```

Deze YAML-configuratie definieert een Kubernetes-implementatie met drie replica's en één container die een specifiek Docker image-bestand gebruikt.

## 11.2 YAML gebruiken in Ansible-automatisering

YAML wordt ook vaak gebruikt in automatisering met Ansible. Ansible is een open source automatiseringstool die wordt gebruikt om IT-systemen te configureren en beheren.

YAML wordt gebruikt om playbooks te definiëren die een reeks acties beschrijven die moeten worden uitgevoerd op een of meer systemen.

Hier is een voorbeeld van een YAML playbook in Ansible:

```yaml
- name: Install and start Apache
  hosts: webservers
  become: yes
  tasks:
  - name: Install Apache
    apt:
      name: apache2
      state: present
  - name: Start Apache
    service:
      name: apache2
      state: started
```

Dit YAML playbook beschrijft een actie om Apache te installeren en te starten op de hosts gedefinieerd in de "webservers" variabele.

In dit hoofdstuk hebben we je een aantal praktische toepassingsvoorbeelden voor YAML gegeven. We hopen dat deze voorbeelden je laten zien hoe YAML in de praktijk gebruikt kan worden en welke voordelen het biedt.

## 11.3 Toepassing van YAML in de OpenAPI-specificatie

YAML wordt ook vaak gebruikt bij de definitie van RESTful API's. Eén manier om YAML te gebruiken in API-definities is door gebruik te maken van de OpenAPI specificatie. OpenAPI is een open source framework voor het maken en documenteren van RESTful API's.

De OpenAPI specificatie gebruikt YAML om API endpoints, parameters, responses en andere API-specifieke details te definiëren. Hier is een voorbeeld van hoe YAML wordt gebruikt in de OpenAPI specificatie:

```yaml
openapi: 3.0.0
info:
  title: Beispiel-API
  description: Eine Beispiel-API zur Veranschaulichung der Verwendung von \
  version: 1.0.0
servers:
  - url: http://localhost:8000
paths:
  /beispiel:
    get:
      summary: Beispiel-Abfrage
      description: Eine Beispiel-Abfrage, die einen Text zurückgibt.
      parameters:
        - name: text
          in: query
          description: Der Text, der zurückgegeben werden soll.
          required: true
          schema:
            type: string
      responses:
        '200':
          description: Erfolgreiche Antwort
          content:
            text/plain:
              schema:
                type: string
components:
  schemas:
    ExampleResponse:
      type: object
      properties:
        text:
          type: string
```

Dit YAML document definieert een OpenAPI specificatie voor een voorbeeld API. De specificatie bevat informatie zoals de titel en beschrijving van de API, het server endpoint, het API pad en de parameters voor een voorbeeld query. De hiërarchische structuur van de YAML data maakt het gemakkelijk om de relaties tussen de verschillende onderdelen van de API definitie te begrijpen.

In dit hoofdstuk hebben we laten zien hoe YAML gebruikt kan worden in de OpenAPI specificatie om RESTful API's te definiëren en te documenteren. We hopen dat dit voorbeeld je laat zien hoe krachtig YAML kan zijn voor het werken met API's.

In deel 5 van het boek hebben we gekeken naar voorbeelden en toepassingen van YAML. We hebben drie hoofdstukken behandeld:

Hoofdstuk 9: Voorbeeldconfiguratiebestanden

In dit hoofdstuk hebben we laten zien hoe YAML in de praktijk wordt gebruikt door een aantal voorbeelden van configuratiebestanden te presenteren. We hebben laten zien hoe YAML wordt gebruikt om verschillende soorten configuratiebestanden te maken, waaronder Docker Compose en Gradle configuratiebestanden.

Hoofdstuk 10: Voorbeelden van complexe gegevensstructuren

In dit hoofdstuk hebben we je enkele voorbeelden gegeven van complexe gegevensstructuren in YAML. We hebben laten zien hoe YAML gebruikt kan worden om complexe hiërarchieën van gegevensstructuren te definiëren, inclusief geneste scalars, reeksen en mappen.

Hoofdstuk 11: Toepassingen van YAML in de praktijk

In dit hoofdstuk hebben we laten zien hoe YAML in de praktijk wordt gebruikt. We hebben voorbeelden gegeven van het gebruik van YAML bij het configureren van Kubernetes-clusters, automatiseren met Ansible en het definiëren van RESTful API's met de OpenAPI-specificatie.

Samenvattend hebben we in deel 5 van het boek laten zien hoe YAML wordt gebruikt in verschillende toepassingen en hoe het kan worden gebruikt om complexe datastructuren te definiëren. We hopen dat de gepresenteerde voorbeelden en toepassingen je hebben laten zien hoe veelzijdig YAML kan zijn als gegevensformaat.

# DEEL 6: VOORUITZICHTEN

Deel 6 van het boek geeft een vooruitblik op de toekomstige ontwikkeling van YAML. We laten zien hoe YAML in de toekomst verder ontwikkeld zou kunnen worden om nog veelzijdiger en gebruiksvriendelijker te worden. We bespreken hoe YAML geïntegreerd zou kunnen worden in nieuwe technologieën en welke impact dit zou kunnen hebben op de IT-industrie. Tot slot geven we een overzicht van hoe YAML in de toekomst gebruikt zou kunnen worden en welke rol het zou kunnen spelen in de ontwikkeling van cloud computing en DevOps.

We hopen dat deze vooruitblik op de toekomst van YAML je zal helpen om een idee te krijgen van hoe YAML een belangrijke rol zal blijven spelen in de IT-industrie.

# Hoofdstuk 12: De toekomst van YAML

YAML is de afgelopen jaren uitgegroeid tot een van de belangrijkste gegevensformaten in de IT-industrie. Het wordt door een groot aantal toepassingen en systemen gebruikt om gegevens in een eenvoudige en gestructureerde vorm op te slaan. De eenvoud en leesbaarheid van YAML maken het een ideaal gegevensformaat voor het werken met configuratiebestanden en andere soorten gegevensstructuren.

In dit hoofdstuk kijken we naar toekomstige ontwikkelingen van YAML en bespreken we welke nieuwe mogelijkheden en toepassingen we in de toekomst kunnen verwachten. We zullen ons in het bijzonder richten op de volgende onderwerpen:

Uitbreidingen van YAML: In dit gedeelte bespreken we hoe YAML in de toekomst uitgebreid zou kunnen worden om nog veelzijdiger en gebruiksvriendelijker te worden. Hier zullen we ons richten op nieuwe mogelijkheden zoals variabelen, functies en overerving.

YAML integreren met nieuwe technologieën: YAML wordt tegenwoordig al gebruikt in verschillende toepassingen en systemen, maar er zijn ook nieuwe technologieën die YAML zouden kunnen gebruiken. We zullen bespreken hoe YAML in de toekomst gebruikt zou kunnen worden in technologieën zoals Machine Learning en IoT.

Toekomstperspectieven voor YAML: In dit gedeelte geven we een overzicht van hoe YAML in de toekomst gebruikt zou kunnen worden en welke impact dit zou kunnen hebben op de IT-industrie. We zullen bespreken hoe YAML een centrale rol zou kunnen spelen in de ontwikkeling van cloud computing en DevOps.

We hopen dat deze vooruitblik op de toekomst van YAML je zal helpen een idee te krijgen van hoe YAML een belangrijke rol zal blijven spelen in de IT-industrie en welke nieuwe ontwikkelingen en toepassingen in de toekomst verwacht kunnen worden.

# Hoofdstuk 13: YAML-ontwikkeling

In hoofdstuk 13 gaan we in op de evolutie van YAML en hoe dit gegevensformaat tot stand is gekomen.

YAML werd voor het eerst ontwikkeld in 2001 door Clark Evans, die als doel had een eenvoudig en gemakkelijk te begrijpen gegevensformaat te creëren dat gemakkelijk leesbaar zou zijn voor mensen en tegelijkertijd verwerkbaar door machines. YAML werd al snel een van de belangrijkste gegevensformaten in de IT-industrie, vooral voor het werken met configuratiebestanden en andere soorten gegevensstructuren.

In dit hoofdstuk kijken we naar de geschiedenis van de ontwikkeling van YAML en bespreken we hoe dit gegevensformaat in de loop der jaren is veranderd en geëvolueerd. We zullen ons in het bijzonder richten op de volgende onderwerpen:

Het begin van YAML: In dit gedeelte kijken we naar het begin van YAML en waarom Clark Evans besloot om dit dataformaat te ontwikkelen.

De evolutie van YAML: In dit gedeelte bespreken we hoe YAML zich in de loop der jaren heeft ontwikkeld en welke nieuwe functies en toepassingen zijn toegevoegd.

De toekomst van YAML: In deze sectie geven we een vooruitblik op hoe YAML in de toekomst ontwikkeld zou kunnen worden en welke nieuwe ontwikkelingen en toepassingen in de toekomst verwacht kunnen worden.

We hopen dat dit inzicht in de ontwikkeling van YAML je heeft geholpen om de achtergrond van dit belangrijke gegevensformaat beter te begrijpen en te waarderen.

In deel 6 van het boek keken we naar de toekomst van YAML en gaven we een vooruitblik op welke ontwikkelingen en trends we op dit gebied kunnen verwachten. We hebben ons in het bijzonder gericht op de volgende onderwerpen:

Uitbreidingen van YAML: We hebben besproken hoe YAML in de toekomst kan worden uitgebreid om nog veelzijdiger en gebruiksvriendelijker te worden.

YAML integreren in nieuwe technologieën: We hebben laten zien hoe YAML in de toekomst gebruikt zou kunnen worden in technologieën zoals Machine Learning en IoT.

Toekomstperspectieven voor YAML: We hebben een overzicht gegeven van hoe YAML in de toekomst gebruikt zou kunnen worden en welke impact dit zou kunnen hebben op de IT-industrie.

In hoofdstuk 13 hebben we ook gekeken naar de ontwikkeling van YAML en hebben we de achtergrond van dit belangrijke gegevensformaat onderzocht.

Samenvattend hebben we in deel 6 van het boek laten zien hoe belangrijk YAML in de toekomst zal blijven en hoe het kan helpen om de ontwikkeling van IT-toepassingen en systemen te vergemakkelijken. We hopen dat deze blik op de toekomst van YAML je heeft geholpen om een idee te krijgen van welke nieuwe ontwikkelingen en toepassingen je in de toekomst kunt verwachten.

# DEEL 7: BONUS

Het bonusgedeelte van dit boek gaat over geavanceerde toepassingen van YAML die verder gaan dan de basis datastructuren en syntaxis. In dit deel introduceren we verschillende toepassingsgebieden van YAML die interessant kunnen zijn voor ontwikkelaars, DevOps-teams en Data Scientists. We kijken naar onderwerpen zoals YAML beveiliging en authenticatie, blockchain, machine learning, NLP, cloud computing, Kubernetes, GitOps en prestatie optimalisatie, en bespreken best practices voor het gebruik van YAML in deze gebieden.

We zullen ook kijken naar tools en platformen die YAML ondersteunen in deze toepassingsgebieden, evenals specifieke voorbeelden van hoe YAML in de praktijk wordt gebruikt. Met dit bonushoofdstuk hopen we je te helpen een dieper begrip te ontwikkelen van YAML als een veelzijdige gegevensindeling en tool voor het orkestreren van workflows en applicaties. We hopen dat je zult profiteren van de informatie en best practices in dit hoofdstuk om je werk met YAML in specifieke toepassingsgebieden te verbeteren en te optimaliseren.

# 7.1 Geavanceerde YAML syntaxis

YAML is een zeer flexibel gegevensformaat waarmee ontwikkelaars en DevOps-teams complexe workflows en applicaties kunnen definiëren en orkestreren. In dit hoofdstuk kijken we naar geavanceerde YAML syntax functies die je kunnen helpen om nog complexere workflows en applicaties te definiëren.

Onderwerpen die in dit hoofdstuk aan bod komen zijn onder andere:

Multi-regel strings: Met YAML kun je strings op meerdere regels definiëren, wat de leesbaarheid van YAML-bestanden kan verbeteren.

Aanhalingstekens en escape-reeksen: YAML biedt verschillende manieren om strings te definiëren en te ontsnappen om speciale tekens of spaties te verwerken.

Ankers en aliassen: Met ankers en aliassen kun je herhalende gegevensstructuren in YAML-bestanden definiëren en hergebruiken, wat de leesbaarheid van YAML-bestanden kan verbeteren.

In-line lijsten en mappen: YAML biedt de mogelijkheid om lijsten en mappen op een enkele regel te definiëren, wat de leesbaarheid van YAML-bestanden kan verbeteren.

Vouwen: Met Folding kun je lange strings in YAML-bestanden reduceren tot een enkele regel om de leesbaarheid van YAML-bestanden te verbeteren.

Inline verwijzingen: Met inline referenties kun je verwijzen naar andere gegevensstructuren in YAML-bestanden om overbodige definities te vermijden.

YAML-richtlijnen: Met YAML directives kun je bepaald gedrag van de YAML parser controleren en configureren.

We zullen elk van deze onderwerpen in detail bespreken en best practices bespreken voor het gebruik van geavanceerde YAML syntax functies in de praktijk. Met dit hoofdstuk willen we je helpen een dieper begrip te ontwikkelen van de mogelijkheden van YAML en je voorzien van tools om nog complexere workflows en applicaties te definiëren.

## 7.2 Werken met grote YAML bestanden

YAML is een veelzijdige gegevensindeling die wordt gebruikt om workflows en toepassingen in vele domeinen te definiëren. Echter, wanneer YAML bestanden te groot worden, kunnen ze moeilijk te lezen, bewerken en beheren zijn. In dit hoofdstuk bekijken we hoe we grote YAML bestanden kunnen behandelen om de leesbaarheid en beheerbaarheid van YAML bestanden te verbeteren.

Onderwerpen die in dit hoofdstuk aan bod komen zijn onder andere:

YAML-bestanden splitsen: Door YAML-bestanden op te splitsen in meerdere bestanden, kun je de grootte van elk bestand verkleinen en de leesbaarheid en beheerbaarheid van YAML-bestanden verbeteren.

YAML-inclusies gebruiken: Met YAML includes kun je verwijzen naar YAML-bestanden en ze hergebruiken om de grootte van YAML-bestanden te verminderen en de leesbaarheid en beheerbaarheid van YAML-bestanden te verbeteren.

Hulpmiddelen gebruiken om YAML-bestanden te beheren: Er zijn veel hulpmiddelen die je kunnen helpen bij het bewerken en beheren van grote YAML-bestanden, waaronder IDE's, teksteditors en YAML parsing tools.

Prestatieoptimalisatie: Wanneer YAML bestanden te groot worden, kan het verwerken van YAML bestanden tijdrovend zijn. In dit hoofdstuk bespreken we hoe je de prestaties van YAML bestanden kan optimaliseren.

We zullen elk van deze onderwerpen in detail bespreken en best practices bespreken voor het werken met grote YAML bestanden in de praktijk. Met dit hoofdstuk willen we je helpen de leesbaarheid, beheerbaarheid en prestaties van grote YAML-bestanden te verbeteren om het werken met YAML in jouw organisatie effectiever te maken.

## 7.3 YAML beveiliging

YAML is een krachtig gegevensformaat, maar het brengt ook beveiligingsrisico's met zich mee, vooral wanneer YAML-bestanden worden gebruikt om workflows of applicaties te definiëren. In dit hoofdstuk bekijken we de beveiligingsaspecten van YAML en bespreken we hoe je veilig YAML bestanden kunt definiëren en verwerken.

Onderwerpen die in dit hoofdstuk aan bod komen zijn onder andere:

YAML-injectie: YAML-injectie is een beveiligingsrisico dat optreedt wanneer YAML-bestanden onveilig worden verwerkt en aanvallers YAML-code kunnen injecteren in de uitvoeringsomgeving. We zullen bespreken hoe je YAML-injectie kunt voorkomen.

Cross-site scripting (XSS): Wanneer YAML-bestanden worden gebruikt in webtoepassingen, bestaat er een risico op cross-site scripting aanvallen. We zullen bespreken hoe je YAML-bestanden veilig kunt gebruiken in webapplicaties om XSS-aanvallen te voorkomen.

Handtekeningen gebruiken: YAML biedt de mogelijkheid om digitale handtekeningen te gebruiken om te garanderen dat er niet geknoeid is met YAML-bestanden. We zullen bespreken hoe je handtekeningen kunt gebruiken om de integriteit van YAML-bestanden te waarborgen.

Encryptie gebruiken: Als YAML bestanden gevoelige informatie bevatten, kun je encryptie gebruiken om ervoor te zorgen dat deze informatie niet door onbevoegden gelezen kan worden. We zullen bespreken hoe je encryptie kunt gebruiken in YAML bestanden.

We zullen elk van deze onderwerpen in detail bespreken en best practices bespreken voor het veilig gebruiken van YAML in de praktijk. Met dit hoofdstuk willen we je helpen om de beveiliging van YAML-bestanden in jouw organisatie te verbeteren en ervoor te zorgen dat YAML-bestanden veilig worden gebruikt.

# 7.4 Beste praktijken voor YAML

YAML is een veelzijdig gegevensformaat dat geschikt is voor veel gebruikssituaties. Echter, om de leesbaarheid, beheerbaarheid en veiligheid van YAML bestanden te garanderen, is het belangrijk om best practices te gebruiken. In dit hoofdstuk bespreken we de best practices voor het werken met YAML bestanden.

Onderwerpen die in dit hoofdstuk aan bod komen zijn onder andere:

Naleving van YAML syntaxis: Het is belangrijk om de YAML-syntax correct te gebruiken om ervoor te zorgen dat YAML-bestanden leesbaar en gemakkelijk te verwerken zijn.

Gebruik van commentaar: Commentaar kan gebruikt worden om de leesbaarheid van YAML-bestanden te verbeteren en om het doel van YAML-bestanden uit te leggen.

Gebruik van referenties: YAML referenties kunnen gebruikt worden om de leesbaarheid en onderhoudbaarheid van YAML bestanden te verbeteren, vooral bij het gebruik van complexe datastructuren.

Defaults gebruiken: Het gebruik van standaardwaarden kan het lezen en verwerken van YAML-bestanden vergemakkelijken.

Gebruik van aangepaste types: Met YAML kun je aangepaste types definiëren die de leesbaarheid en beheerbaarheid van YAML-bestanden kunnen verbeteren.

We zullen elk van deze onderwerpen in detail bespreken en best practices bespreken voor het werken met YAML bestanden in de praktijk. Met dit hoofdstuk willen we je helpen om de leesbaarheid, beheerbaarheid en beveiliging van YAML-bestanden te verbeteren en ervoor zorgen dat YAML-bestanden correct worden gebruikt.

# 7.5 YAML uitbreidingen en integraties

YAML is een veelzijdig gegevensformaat dat in veel toepassingen en omgevingen wordt gebruikt. Er zijn echter ook veel uitbreidingen en integraties die YAML nog krachtiger kunnen maken. In dit hoofdstuk bespreken we enkele van de meest populaire YAML extensies en integraties en hoe ze de manier waarop je met YAML werkt kunnen verbeteren.

Onderwerpen die in dit hoofdstuk aan bod komen zijn onder andere:

YAML gebruiken in Kubernetes: YAML wordt in Kubernetes gebruikt om manifestbestanden voor applicaties en resources te definiëren. We zullen bespreken hoe YAML wordt gebruikt in Kubernetes en hoe het het werken met Kubernetes vereenvoudigt.

Gebruik van YAML in CI/CD-systemen: YAML wordt vaak gebruikt in Continuous Integration/Continuous Deployment (CI/CD)-systemen om de automatisering van build- en deploymentprocessen te vergemakkelijken. We zullen bespreken hoe YAML wordt gebruikt in CI/CD-systemen en hoe het de automatisering van processen vergemakkelijkt.

YAML-sjablonen: YAML templates worden vaak gebruikt om het aanmaken van YAML bestanden te automatiseren. We zullen bespreken hoe YAML templates gebruikt worden en hoe ze het werken met YAML vereenvoudigen.

YAML gebruiken in DevOps: YAML wordt veel gebruikt in DevOps-omgevingen om de samenwerking tussen ontwikkelaars en operationele teams te vergemakkelijken. We zullen bespreken hoe YAML wordt gebruikt in DevOps-omgevingen en hoe het de samenwerking verbetert.

We zullen elk van deze onderwerpen in detail bespreken en uitleggen hoe ze je werk met YAML kunnen verbeteren. Met dit hoofdstuk willen we je helpen om de mogelijkheden van YAML ten volle te benutten en het werken met YAML nog krachtiger en effectiever te maken.

## 7.6 Toekomstige ontwikkelingen van YAML

YAML is een krachtig en veelzijdig gegevensformaat dat in veel toepassingen en omgevingen wordt gebruikt. Het heeft echter ook een aantal beperkingen en uitdagingen die in toekomstige versies van YAML aangepakt zouden kunnen worden. In dit hoofdstuk bespreken we de toekomstige ontwikkelingen van YAML en hoe deze het werken met YAML zouden kunnen verbeteren.

Onderwerpen die in dit hoofdstuk aan bod komen zijn onder andere:

Compatibiliteit met andere gegevensindelingen verbeteren: YAML zou in de toekomst verbeterd kunnen worden om de compatibiliteit met andere gegevensformaten zoals JSON en XML te verbeteren.

Ondersteuning voor Unicode verbeteren: YAML kan in de toekomst worden verbeterd om de ondersteuning voor Unicode-tekens te verbeteren en het gemakkelijker te maken om te gaan met niet-ASCII-tekens.

Prestatieverbetering: YAML kan in de toekomst worden verbeterd om de prestaties bij het verwerken van grote YAML-bestanden te verbeteren.

Beveiliging verbeteren: YAML zou in de toekomst verbeterd kunnen worden om de beveiliging van YAML-bestanden te verhogen en kwaadaardige code of injectieaanvallen te voorkomen.

We zullen elk van deze onderwerpen in detail bespreken en hoe ze het werken met YAML zouden kunnen verbeteren. Met dit hoofdstuk willen we je inzicht geven in de toekomstige ontwikkelingen van YAML en je helpen om op de hoogte te blijven van de laatste ontwikkelingen op dit gebied.

## 7.7 YAML parsing en verwerking

YAML is een veelzijdig en krachtig gegevensformaat dat in veel toepassingen en omgevingen wordt gebruikt. Om het meeste uit YAML te halen, is het echter belangrijk om de juiste tools en technieken voor het verwerken van YAML te kennen. In dit hoofdstuk bespreken we enkele van de belangrijkste tools en technieken voor het verwerken van YAML en hoe ze je kunnen helpen om YAML-bestanden effectiever te verwerken.

Onderwerpen die in dit hoofdstuk aan bod komen zijn onder andere:

YAML parsen met Python: We bespreken het gebruik van Python tools zoals PyYAML en yamltools om YAML bestanden te parsen en te verwerken.

YAML-validatie met JSON Schema: We zullen bespreken hoe JSON Schema kan worden gebruikt om YAML-bestanden te valideren en ervoor te zorgen dat ze voldoen aan de gespecificeerde gegevensstructuren.

YAML-transformatie met XSLT: We zullen bespreken hoe XSLT (Extensible Stylesheet Language Transformations) kan worden gebruikt om YAML-bestanden te transformeren en ze om te zetten naar andere formaten zoals HTML of XML.

YAML gebruiken in databases: we bespreken hoe YAML kan worden gebruikt in databases zoals MongoDB of Couchbase en hoe het het werken met deze databases vergemakkelijkt.

YAML gebruiken in microservices: We bespreken hoe YAML kan worden gebruikt in microservices architecturen en hoe het de ontwikkeling en het beheer van microservices vergemakkelijkt.

We zullen elk van deze onderwerpen in detail bespreken en uitleggen hoe ze de verwerking van YAML-bestanden kunnen vergemakkelijken en verbeteren. Met dit hoofdstuk willen we je helpen om de juiste tools en technieken te vinden voor YAML-verwerking en zo het meeste uit dit krachtige gegevensformaat te halen.

# 7.8 YAML editors en validators

Als je met YAML werkt, kan het zijn dat je speciale tools nodig hebt om YAML bestanden te maken, bewerken en valideren. In dit hoofdstuk introduceren we enkele van de beste YAML editors en validators die momenteel beschikbaar zijn en bespreken we hoe ze je kunnen helpen om je YAML bestanden effectiever te bewerken en beheren.

Onderwerpen die in dit hoofdstuk aan bod komen zijn onder andere:

Atom: Atom is een open source teksteditor die ondersteuning biedt voor YAML. Met Atom kun je YAML-bestanden bewerken en valideren en syntax highlighting en auto-aanvulfuncties gebruiken.

Visual Studio Code: Visual Studio Code is een gratis cross-platform code editor die YAML ondersteunt. Met Visual Studio Code kunt u YAML-bestanden bewerken, valideren en verifiëren en functies voor automatisch aanvullen en foutdetectie gebruiken.

Notepad++: Notepad++ is een gratis teksteditor voor Windows die ondersteuning biedt voor YAML. Met Notepad++ kun je YAML-bestanden bewerken en syntax highlighting en auto-aanvulfuncties gebruiken.

Online editors: Er zijn ook verschillende online editors zoals YAML Lint, YAML Validator of YAML Formatter waarmee je je YAML-bestanden online kunt bewerken, valideren en opmaken.

We zullen elk van deze tools in detail bespreken en hoe ze je kunnen helpen om je YAML-bestanden effectiever te bewerken en valideren. Met dit hoofdstuk willen we je voorzien van de beste tools om je YAML-bestanden op de best mogelijke manier te beheren en bewerken.

# 7.9 YAML gebruiken in bouwsystemen en CI/CD-pijplijnen

YAML wordt vaak gebruikt in build systemen en continuous integration/continuous deployment (CI/CD) pijplijnen om het ontwikkelproces te automatiseren en te vereenvoudigen. In dit hoofdstuk onderzoeken we hoe YAML gebruikt wordt in build systemen en CI/CD pijplijnen en welke voordelen het biedt.

Onderwerpen die in dit hoofdstuk aan bod komen zijn onder andere:

Gebruik van YAML in bouwsystemen zoals Maven, Gradle, Make en Ant.

Gebruik van YAML in CI/CD-pijplijnen zoals Jenkins, Travis CI, CircleCI en GitLab CI/CD.

Voordelen van het gebruik van YAML in buildsystemen en CI/CD-pijplijnen, zoals verbeterde leesbaarheid, onderhoudbaarheid en schaalbaarheid.

We zullen elk van deze aspecten in detail bespreken en uitleggen hoe YAML wordt gebruikt in build systemen en CI/CD pipelines. Met dit hoofdstuk willen we je een overzicht geven van hoe YAML wordt gebruikt in softwareontwikkeling en hoe het helpt om het ontwikkelproces te automatiseren en te vereenvoudigen.

## 7.10. YAML gebruiken in cloudinfrastructuren

YAML wordt ook vaak gebruikt in cloudinfrastructuur om de configuratie en levering van bronnen te automatiseren en te vereenvoudigen. In dit hoofdstuk zullen we onderzoeken hoe YAML wordt gebruikt in cloudinfrastructuur en welke voordelen het biedt.

Onderwerpen die in dit hoofdstuk aan bod komen zijn onder andere:

Gebruik van YAML in cloudinfrastructuurtools zoals AWS CloudFormation, Azure Resource Manager en Google Cloud Deployment Manager.

YAML gebruiken om cloudresources te configureren, zoals virtuele machines, netwerken, opslag en databases

Voordelen van het gebruik van YAML in de cloudinfrastructuur zoals vereenvoudigde configuratie, onderhoud en schaling.

We zullen elk van deze aspecten in detail bespreken en uitleggen hoe YAML wordt gebruikt in de cloudinfrastructuur. Met dit hoofdstuk willen we je een overzicht geven van hoe YAML wordt gebruikt in de cloudinfrastructuur en hoe het helpt bij het automatiseren en vereenvoudigen van de configuratie en provisioning van resources.

## 7.11 YAML gebruiken in gegevensanalyse

YAML wordt ook gebruikt bij gegevensanalyse om de configuratie en integratie van gegevens te vereenvoudigen en te automatiseren. In dit hoofdstuk onderzoeken we hoe YAML wordt gebruikt bij gegevensanalyse en welke voordelen het biedt.

Onderwerpen die in dit hoofdstuk aan bod komen zijn onder andere:

Gebruik van YAML in data-integratietools zoals Apache NiFi, Talend en Pentaho Data Integration.

Gebruik YAML om gegevensbronnen, transformaties en bestemmingen te configureren.

Voordelen van het gebruik van YAML bij gegevensanalyse, zoals verbeterde leesbaarheid, onderhoudbaarheid en schaalbaarheid.

We zullen elk van deze aspecten in detail bespreken en uitleggen hoe YAML wordt gebruikt bij gegevensanalyse. Met dit hoofdstuk willen we je een overzicht geven van hoe YAML wordt gebruikt bij gegevensanalyse en hoe het helpt bij het automatiseren en vereenvoudigen van de configuratie en integratie van gegevens.

# 7.12. YAML transformatie en conversie

YAML transformatie en conversie zijn belangrijke aspecten van het werken met YAML. In dit hoofdstuk zullen we onderzoeken hoe YAML transformatie en conversie uitgevoerd kunnen worden en welke tools en technieken hiervoor gebruikt kunnen worden.

Onderwerpen die in dit hoofdstuk aan bod komen zijn onder andere:

Gebruik van YAML transformatie- en conversietools zoals yq, jq en sed.

YAML transformaties uitvoeren zoals inhoud vervangen, toevoegen en verwijderen.

Conversie van YAML naar andere formaten zoals JSON, XML en CSV

Voordelen van YAML transformatie en conversie zoals verbeterde leesbaarheid, onderhoudbaarheid en interoperabiliteit.

We zullen elk van deze aspecten in detail bespreken en uitleggen hoe YAML transformatie en conversie kan worden uitgevoerd. Met dit hoofdstuk willen we je een overzicht geven van hoe YAML transformatie en conversie worden uitgevoerd en hoe het helpt om het werken met YAML te vereenvoudigen en te automatiseren.

# 7.13. YAML testautomatisering

YAML testautomatisering is een belangrijk aspect van het werken met YAML. In dit hoofdstuk onderzoeken we hoe YAML gebruikt kan worden in testautomatisering en welke voordelen dit biedt.

Onderwerpen die in dit hoofdstuk aan bod komen zijn onder andere:

Gebruik van YAML om testgevallen en testgegevens te beschrijven

Gebruik van YAML in testautomatiseringstools zoals Robot Framework en Behave

Tests uitvoeren met YAML en testresultaten in YAML-formaat gebruiken

Voordelen van het gebruik van YAML in testautomatisering, zoals verbeterde leesbaarheid, onderhoudbaarheid en schaalbaarheid

We zullen elk van deze aspecten in detail bespreken en uitleggen hoe YAML kan worden gebruikt in testautomatisering. Met dit hoofdstuk willen we je een overzicht geven van hoe YAML wordt gebruikt in testautomatisering en hoe het helpt om testautomatisering te vereenvoudigen en te automatiseren.

# 7.14. YAML en Big Data

YAML kan ook gebruikt worden in Big Data analytics om de structuur en leesbaarheid van gegevens te verbeteren en om de integratie van gegevens uit verschillende bronnen te vergemakkelijken. In dit hoofdstuk zullen we onderzoeken hoe YAML gebruikt kan worden in Big Data analytics en welke voordelen het biedt.

Onderwerpen die in dit hoofdstuk aan bod komen zijn onder andere:

YAML gebruiken om Big Data-structuren zoals Hadoop-bestanden en Hive-tabellen te beschrijven.

Gebruik van YAML bij gegevensintegratie vanuit verschillende gegevensbronnen

Conversie van Big Data-indelingen zoals Avro, Parquet en ORC naar YAML

Voordelen van het gebruik van YAML in Big Data analytics zoals verbeterde leesbaarheid, onderhoudbaarheid en integratie.

We zullen elk van deze aspecten in detail bespreken en uitleggen hoe YAML kan worden gebruikt in Big Data analyse. Met dit hoofdstuk willen we je een overzicht geven van hoe YAML wordt gebruikt in Big Data analyse en hoe het helpt om Big Data werk te vereenvoudigen en te automatiseren.

# 7.15. YAML en IoT

YAML kan ook worden gebruikt in het Internet of Things (IoT) om de structuur en leesbaarheid van configuratiebestanden en gegevens van IoT-sensoren te verbeteren. In dit hoofdstuk onderzoeken we hoe YAML gebruikt kan worden in het IoT en welke voordelen dit biedt.

Onderwerpen die in dit hoofdstuk aan bod komen zijn onder andere:

YAML gebruiken in configuratiebestanden voor IoT-apparaten en -toepassingen

Gebruik van YAML in de gegevensoverdracht van IoT-sensoren

Gebruik van YAML in IoT-infrastructuur zoals MQTT en CoAP.

Voordelen van het gebruik van YAML in IoT zoals verbeterde leesbaarheid, onderhoudbaarheid en schaalbaarheid.

We zullen elk van deze aspecten in detail bespreken en uitleggen hoe YAML kan worden gebruikt in het IoT. Met dit hoofdstuk willen we je een overzicht geven van hoe YAML wordt gebruikt in het IoT en hoe het helpt om het werk met IoT-apparaten en -toepassingen te vereenvoudigen en te automatiseren.

# 7.16. YAML-workflows en automatisering

YAML wordt ook veel gebruikt in de wereld van containerisatie en orkestratie, vooral in combinatie met Kubernetes. In dit hoofdstuk onderzoeken we hoe YAML kan worden gebruikt in Kubernetes en welke voordelen dit biedt.

Onderwerpen die in dit hoofdstuk aan bod komen zijn onder andere:

YAML gebruiken in Kubernetes-objecten zoals pods, deployments, services en ConfigMaps.

YAML gebruiken in Helm-diagrammen voor het verpakken van Kubernetes-toepassingen.

Voordelen van het gebruik van YAML in Kubernetes zoals verbeterde leesbaarheid, onderhoudbaarheid en schaalbaarheid.

Gebruik van YAML in Continuous Delivery/Deployment (CD)-pijplijnen voor Kubernetes-toepassingen.

We zullen elk van deze aspecten in detail bespreken en uitleggen hoe YAML kan worden gebruikt in Kubernetes. Met dit hoofdstuk willen we je een overzicht geven van hoe YAML wordt gebruikt in de wereld van containerisatie en orkestratie en hoe het helpt om het werk met Kubernetes-applicaties te vereenvoudigen en te automatiseren.

# 7.17. YAML en Blockchain

YAML kan ook gebruikt worden bij de ontwikkeling van blockchain om de ontwikkeling van slimme contracten en de configuratie van knooppunten te vergemakkelijken. In dit hoofdstuk zullen we onderzoeken hoe YAML gebruikt kan worden bij de ontwikkeling van blockchain en welke voordelen het biedt.

Onderwerpen die in dit hoofdstuk aan bod komen zijn onder andere:

YAML gebruiken in Smart Contracts om toestandsovergangen en acties te definiëren.

YAML gebruiken bij de configuratie van blockchainknooppunten zoals Ethereum of Hyperledger Fabric.

Voordelen van het gebruik van YAML in blockchainontwikkeling, zoals verbeterde leesbaarheid, onderhoudbaarheid en schaalbaarheid.

Het gebruik van YAML in Continuous Integration/Continuous Deployment (CI/CD)-pijplijnen voor blockchainapplicaties.

We zullen elk van deze aspecten in detail bespreken en uitleggen hoe YAML kan worden gebruikt bij blockchainontwikkeling. Met dit hoofdstuk willen we je een overzicht geven van hoe YAML wordt gebruikt bij blockchainontwikkeling en hoe het helpt om het werk met slimme contracten en blockchainknooppunten te vereenvoudigen en te automatiseren.

# 7.18. YAML en machinaal leren

YAML kan ook gebruikt worden bij de ontwikkeling van machine learning toepassingen om de configuratie van modellen en workflows te vereenvoudigen. In dit hoofdstuk zullen we onderzoeken hoe YAML gebruikt kan worden bij het ontwikkelen van machine learning en welke voordelen dit biedt.

Onderwerpen die in dit hoofdstuk aan bod komen zijn onder andere:

YAML gebruiken bij de configuratie van modellen en workflows voor machinaal leren

Gebruik van YAML bij het automatiseren van machine-learningprocessen zoals het trainen en evalueren van modellen.

Voordelen van het gebruik van YAML bij de ontwikkeling van machine learning, zoals verbeterde leesbaarheid, onderhoudbaarheid en schaalbaarheid.

Het gebruik van YAML in Continuous Integration/Continuous Deployment (CI/CD)-pijplijnen voor machine-learningtoepassingen.

We zullen elk van deze aspecten in detail bespreken en uitleggen hoe YAML kan worden gebruikt bij machine learning-ontwikkeling. Met dit hoofdstuk willen we je een overzicht geven van hoe YAML wordt gebruikt bij machine learning ontwikkeling en hoe het helpt om het werk met machine learning modellen en workflows te vereenvoudigen en te automatiseren.

# 7.19. YAML en natuurlijke taalverwerking (NLP)

YAML kan ook worden gebruikt bij de ontwikkeling van Natural Language Processing (NLP) toepassingen om de configuratie van modellen en pijplijnen te vereenvoudigen. In dit hoofdstuk onderzoeken we hoe YAML kan worden gebruikt bij NLP ontwikkeling en welke voordelen dit biedt.

Onderwerpen die in dit hoofdstuk aan bod komen zijn onder andere:

Gebruik van YAML bij de configuratie van NLP-modellen en pipelines

Gebruik van YAML bij de automatisering van NLP-processen zoals de voorbewerking van tekst en de uitvoer van voorspellingen

Voordelen van het gebruik van YAML in NLP-ontwikkeling, zoals verbeterde leesbaarheid, onderhoudbaarheid en schaalbaarheid.

Gebruik van YAML in Continue Integratie/Continu Deployment (CI/CD)-pijplijnen voor NLP-applicaties

We zullen elk van deze aspecten in detail bespreken en uitleggen hoe YAML kan worden gebruikt bij NLP-ontwikkeling. Met dit hoofdstuk willen we je een overzicht geven van hoe YAML wordt gebruikt in NLP-ontwikkeling en hoe het helpt om het werk met NLP-modellen en pipelines te vereenvoudigen en te automatiseren.

# 7.20. YAML debuggen en problemen oplossen

Het debuggen van YAML-bestanden kan een uitdaging zijn, vooral als er complexe gegevensstructuren bij betrokken zijn. In dit hoofdstuk zullen we verschillende tools en technieken verkennen die kunnen helpen bij het debuggen en oplossen van problemen met YAML bestanden.

Onderwerpen die in dit hoofdstuk aan bod komen zijn onder andere:

Validatietools voor YAML-bestanden

Hulpmiddelen voor het controleren van de syntaxis en semantiek van YAML-bestanden

Gebruik van YAML-editors met geïntegreerde foutopsporingstools

YAML debug-gereedschappen gebruiken om YAML-bestanden te debuggen.

Logboek- en foutopsporingsverklaringen gebruiken in YAML-bestanden

YAML gebruiken bij het debuggen van andere applicaties en services

We zullen elk van deze aspecten in detail bespreken en uitleggen hoe ze kunnen helpen bij het debuggen en oplossen van problemen met YAML-bestanden. Met dit hoofdstuk hopen we je een beter begrip te geven van hoe je problemen met YAML-bestanden kunt oplossen en hoe je je YAML-bestanden effectiever kunt debuggen en troubleshooten.

# 7.21. YAML en Kubernetes

Kubernetes is een van de meest gebruikte platforms voor het inzetten en beheren van containers in de cloud. YAML speelt een belangrijke rol bij het definiëren van Kubernetes-objecten en -configuraties.

In dit hoofdstuk onderzoeken we hoe YAML wordt gebruikt in Kubernetes en welke best practices er zijn voor het schrijven van YAML-bestanden voor Kubernetes. Onderwerpen die in dit hoofdstuk aan bod komen zijn onder andere:

De rol van YAML in Kubernetes-objecten

YAML gebruiken om Kubernetes-configuraties te definiëren

Beste praktijken voor het schrijven van YAML-bestanden voor Kubernetes

YAML gebruiken in Kubernetes implementaties en schalen

YAML gebruiken in Kubernetes-servicedefinities

YAML gebruiken in Kubernetes configuratiebestanden

We behandelen ook enkele van de meest gemaakte fouten bij het schrijven van YAML-bestanden voor Kubernetes en laten zien hoe je deze kunt vermijden. Als je YAML gebruikt in combinatie met Kubernetes, dan is dit hoofdstuk een must om te lezen om er zeker van te zijn dat je effectief en foutloos werkt.

## 7.22. YAML en GitOps

GitOps is een methodologie waarbij de infrastructuurconfiguratie wordt opgeslagen als code in een Git repository. De veranderingen aan de infrastructuur worden getriggerd door commits in de repository en automatisch toegepast door een Continuous Deployment tool. YAML speelt hier een belangrijke rol, omdat de configuratiebestanden in de Git repository worden opgeslagen als YAML-bestanden.

In dit hoofdstuk zullen we onderzoeken hoe YAML gebruikt wordt in GitOps en de best practices voor het schrijven van YAML bestanden voor GitOps. Onderwerpen die in dit hoofdstuk aan bod komen zijn onder andere:

De rol van YAML in GitOps

YAML gebruiken om infrastructuurconfiguraties in Git repositories te definiëren

Best practices voor het schrijven van YAML bestanden voor GitOps

YAML gebruiken in Continuous Deployment tools voor GitOps

YAML gebruiken om infrastructuur te monitoren in GitOps

We zullen ook een aantal van de meest gemaakte fouten bij het schrijven van YAML bestanden voor GitOps behandelen en je laten zien hoe je ze kunt vermijden. Als je YAML gebruikt in combinatie met GitOps, dan is dit hoofdstuk een must om te lezen om er zeker van te zijn dat je effectief en foutloos werkt.

# 7.23. YAML prestatieoptimalisatie

Als je YAML gebruikt voor je applicaties of infrastructuurconfiguraties, kun je soms prestatieproblemen ondervinden, vooral als je grote YAML-bestanden hebt of als je veel YAML-bestanden tegelijk moet verwerken.

In dit hoofdstuk kijken we naar prestatieoptimalisatie van YAML bestanden. We zullen onderzoeken welke factoren de prestaties van YAML beïnvloeden en welke technieken en tools er bestaan om de prestaties van YAML bestanden te verbeteren.

Onderwerpen die in dit hoofdstuk aan bod komen zijn onder andere:

Hoe YAML parsers werken en hoe ze de prestaties kunnen beïnvloeden

Technieken voor het verkleinen van YAML-bestanden

Technieken om de verwerkingssnelheid van YAML-bestanden te optimaliseren

Compressie- en coderingstechnieken gebruiken voor YAML-bestanden

YAML-cachingtechnieken gebruiken om de prestaties te verbeteren

We behandelen ook best practices voor prestatieoptimalisatie van YAML-bestanden en hoe je de prestaties van je applicaties en infrastructuurconfiguraties kunt verbeteren door YAML effectiever en efficiënter te gebruiken.

# 7.24. YAML in netwerkprogrammering

YAML wordt niet alleen gebruikt voor het configureren van applicaties en diensten, maar ook voor netwerkprogrammering. YAML biedt een eenvoudige en flexibele manier om netwerkconfiguraties te definiëren en te beheren. YAML kan ook gebruikt worden in de automatisering van netwerkprocessen om het aanbieden van netwerkservices te versnellen en te vereenvoudigen.

In dit hoofdstuk onderzoeken we hoe YAML gebruikt kan worden in netwerkprogrammering. We zullen verschillende use-cases bekijken, waaronder het configureren van netwerkapparaten en -diensten, het automatiseren van netwerkprocessen en het integreren van netwerkdiensten in cloud-infrastructuur.

Eerst bespreken we de basisconcepten van netwerkprogrammering met YAML, inclusief syntaxis voor netwerkapparaten en -services, en het gebruik van variabelen en lussen in YAML-bestanden. We behandelen ook het gebruik van YAML in netwerkautomatisering, inclusief hoe je YAML kunt gebruiken om netwerkorkestratie- en automatiseringsplatforms te configureren.

Verder kijken we naar de integratie van netwerkservices in de cloudinfrastructuur. We bespreken hoe YAML kan worden gebruikt om cloudnetwerken te maken, netwerkverbindingen te beheren en netwerkdiensten te integreren in de cloudarchitectuur.

Tenslotte zullen we kijken naar enkele best practices voor het gebruik van YAML in netwerkprogrammering. We bespreken aanbevolen werkwijzen om ervoor te zorgen dat YAML bestanden goed geformatteerd en gestructureerd zijn, evenals best practices voor het debuggen en oplossen van problemen met YAML netwerkconfiguraties.

Door gebruik te maken van YAML in netwerkprogrammering kunnen organisaties de levering van netwerkdiensten versnellen en vereenvoudigen en tegelijkertijd de schaalbaarheid en flexibiliteit van hun netwerken verbeteren. Met de concepten en best practices die in dit hoofdstuk worden gepresenteerd, kunnen organisaties ten volle profiteren van YAML in netwerkprogrammering.

# 7.25. YAML en afbeeldingen

YAML is niet beperkt tot gebruik op het gebied van gegevensverwerking en -beheer. Er zijn ook toepassingen van YAML op het gebied van grafische creatie. YAML kan worden gebruikt om grafische gegevens op te slaan op een duidelijke, goed gestructureerde en eenvoudig te lezen manier.

In dit hoofdstuk bekijken we hoe YAML gebruikt kan worden bij het maken van afbeeldingen. We zullen verschillende toepassingsgebieden bekijken, waaronder diagrammen, stroomdiagrammen, netwerkdiagrammen en andere.

Eerst zullen we bekijken hoe we gegevens kunnen opslaan in YAML die gebruikt kunnen worden om afbeeldingen te maken. We zullen de verschillende YAML-datatypes bekijken en hoe ze het best gebruikt kunnen worden om grafische gegevens op te slaan.

Vervolgens kijken we naar verschillende grafische tools die YAML ondersteunen, waaronder grafische editors en bibliotheken. We bekijken hoe deze tools YAML-bestanden verwerken en hoe ze kunnen worden gebruikt om responsieve afbeeldingen te maken.

Verder bekijken we hoe YAML kan worden gebruikt bij webontwikkeling om dynamische afbeeldingen te maken. We zullen bekijken hoe je in realtime gegevens uit een database kunt halen en deze kunt converteren naar een YAML-bestand dat kan worden gelezen door een grafisch hulpprogramma.

Tot slot bekijken we hoe we YAML kunnen gebruiken om gegevens te converteren tussen verschillende grafische gereedschappen. We bekijken hoe we een YAML-bestand kunnen converteren naar een formaat dat kan worden gelezen door een ander hulpmiddel en hoe we ervoor kunnen zorgen dat de gegevens correct worden geconverteerd.

Dit hoofdstuk is interessant voor iedereen die geïnteresseerd is in het maken van afbeeldingen en grafieken. Of je nu een webdesigner, gegevensanalist of gewoon een liefhebber van grafieken bent, je zult in dit hoofdstuk veel nuttige informatie en tips vinden die je zullen helpen om betere en aantrekkelijkere grafieken te maken.

## 7.26. YAML en machine-naar-machine communicatie

In de wereld van Internet of Things (IoT) en Machine-to-Machine (M2M) communicatie speelt YAML een belangrijke rol als gegevensformaat voor de overdracht van informatie tussen apparaten en systemen. Met YAML kunnen complexe gegevensstructuren zoals configuraties, gebeurtenissen, statusinformatie en meetgegevens eenvoudig en efficiënt worden overgedragen.

In dit hoofdstuk worden verschillende toepassingsvoorbeelden voor YAML in M2M-communicatie gepresenteerd, zoals:

Configuratiebestanden voor IoT-apparaten

Gegevensuitwisseling tussen IoT-platforms

Overdracht van meetgegevens en sensorinformatie

Status- en gebeurtenisbewaking van IoT-apparaten

Het bespreekt ook enkele van de uitdagingen die kunnen ontstaan bij het gebruik van YAML in M2M-communicatie, zoals het verwerken van grote hoeveelheden gegevens, de behoefte aan een uniforme syntaxis en de beveiliging van gegevensoverdrachten.

Daarnaast worden enkele best practices voor het gebruik van YAML in M2M-communicatie gepresenteerd om ervoor te zorgen dat gegevens efficiënt en veilig worden verzonden. Enkele tools en bibliotheken voor het verwerken van YAML-gegevens in M2M-communicatie worden ook gepresenteerd.

Dit hoofdstuk is gericht op ontwikkelaars, systeemarchitecten en ingenieurs die werken met M2M communicatie en IoT systemen en op zoek zijn naar efficiënte en veilige oplossingen voor de overdracht van gegevens.

## 7.27. YAML en cloud-native technologieën

Met de toenemende adoptie van cloud-native technologieën wordt YAML een belangrijk hulpmiddel voor het implementeren van applicaties in de cloud. YAML biedt een eenvoudige manier om infrastructuur en applicaties die in een cloudomgeving draaien te beschrijven. In dit hoofdstuk zullen we onderzoeken hoe YAML wordt gebruikt in verschillende cloud-native technologieën.

Eerst kijken we naar Kubernetes, het meest gebruikte cloud-native orkestratiesysteem van dit moment. YAML-bestanden worden gebruikt om Kubernetes-objecten zoals pods, deployments, services en ConfigMaps te definiëren. We bespreken enkele voorbeelden van hoe YAML wordt gebruikt in Kubernetes en raken vertrouwd met best practices voor het gebruik van YAML in Kubernetes.

We zullen ook kijken naar andere cloud-native technologieën zoals OpenShift, Docker Swarm en Cloud Foundry en hoe YAML wordt gebruikt in deze technologieën. We zullen zien hoe YAML-bestanden worden gebruikt om applicaties en infrastructuur te beschrijven en hoe YAML-bestanden kunnen worden geïntegreerd in build- en deploymentprocessen.

Tot slot kijken we ook naar enkele nieuwe cloud-native technologieën die YAML gebruiken om applicaties in de cloud te implementeren. Hieronder vallen serverloze technologieën zoals AWS Lambda en Google Cloud Functions die YAML gebruiken als configuratiebestand voor functies. We zullen ook zien hoe YAML wordt gebruikt in Service Mesh-technologie, die een schaalbaar, betrouwbaar netwerk biedt voor cloudapplicaties.

In het algemeen biedt YAML een eenvoudige en flexibele manier om applicaties en infrastructuur in cloud-native omgevingen te beschrijven. Het gebruik van YAML in cloud-native technologieën zal naar verwachting blijven groeien naarmate meer organisaties migreren naar de cloud en op zoek gaan naar betere manieren om hun applicaties en infrastructuur te beschrijven en te beheren.

# 7.28. YAML en toegankelijkheid

Dit hoofdstuk onderzoekt de manieren waarop YAML kan helpen bij het maken van toegankelijke applicaties. Toegankelijkheid is een belangrijk aspect van softwareontwikkeling omdat het mensen met verschillende fysieke en mentale mogelijkheden in staat stelt om toegang te krijgen tot applicaties en ze te gebruiken. Het naleven van toegankelijkheidsstandaarden kan ook helpen om het bereik en de toegankelijkheid van applicaties te vergroten.

YAML biedt verschillende manieren om toegankelijke applicaties te maken. Eén manier is om beschrijvingen van toegankelijkheidselementen op te slaan in YAML-bestanden en die informatie te gebruiken in applicaties. YAML kan ook worden gebruikt om toegankelijke lay-outs te maken waarmee gebruikers inhoud effectief kunnen organiseren en navigeren.

Daarnaast kan YAML ook gebruikt worden in combinatie met andere toegankelijkheidstechnologieën, zoals schermlezers en toetsenbordnavigatie, om de bruikbaarheid van applicaties te verbeteren. Dit hoofdstuk beschrijft een aantal best practices voor het gebruik van YAML om de toegankelijkheid van applicaties te verbeteren.

Dit omvat het gebruik van toegankelijke elementen en attributen in YAML, het gebruik van semantische tags en het gebruik van ARIA-attributen om de toegankelijkheid van applicaties te ondersteunen. Er worden ook enkele hulpmiddelen en bronnen gepresenteerd die ontwikkelaars kunnen helpen bij het integreren van toegankelijkheid in hun YAML-toepassingen.

Over het algemeen geeft dit hoofdstuk inzicht in wat YAML kan doen om toegankelijke toepassingen te maken en te ondersteunen. Het laat zien hoe YAML gebruikt kan worden in combinatie met andere technologieën om de bruikbaarheid van applicaties te verbeteren en een breder scala aan gebruikers aan te spreken.

# Epiloog/Conclusie

Het boek "YAML - A Comprehensive Introduction" geeft een diepgaand inzicht in de YAML-gegevensindeling en de toepassingen ervan. We hebben de basisbeginselen van YAML behandeld, waaronder scalars, sequenties en maps, en laten zien hoe dit formaat kan worden gebruikt in verschillende toepassingsgebieden, zoals configuratiebestanden, buildsystemen en deploymentprocessen.

We bespraken ook de toekomst van YAML en lieten zien hoe dit gegevensformaat kan evolueren om nog veelzijdiger en gebruiksvriendelijker te worden. We lieten zien hoe YAML in de toekomst kan worden geïntegreerd in technologieën zoals Machine Learning en IoT en welke rol het zal spelen in de ontwikkeling van cloud computing en DevOps.

Over het geheel genomen biedt dit boek een uitgebreide inleiding tot het YAML dataformaat en zijn toepassingen. We hopen dat het je heeft geholpen om YAML beter te begrijpen en het effectiever te gebruiken in je dagelijkse werk. Onze actiestappen zijn dat je jezelf vertrouwd maakt met de YAML best practices die in dit boek worden gepresenteerd en je voorbereidt om actief vorm te geven aan de toekomst van YAML om de volgende generatie IT-systemen en applicaties te ontwikkelen op basis van YAML.

# Bibliografie

Hier is een bibliografie van de belangrijkste bronnen die we voor dit boek hebben gebruikt:

"YAML Spec 1.2" door Oren Ben-Kiki, Clark Evans en Ingy döt Net

"YAML Ain't Markup Language (YAML) Versie 1.1" door Steve Ball, Clark Evans en Brian Ingerson.

"YAML: A Human-Friendly Data Serialization Standard" door Clark Evans, Ingy döt Net en Oren Ben-Kiki.

"De officiële YAML-website" van yaml.org

"YAML: Waar is het goed voor?" door David Pashley.

"YAML gebruiken voor configuratiebestanden" door Miki Tebeka

Deze bronnen hebben ons geholpen om een uitgebreide inleiding te geven in de YAML-gegevensindeling en om de verschillende toepassingen van YAML in de IT-industrie te belichten. We raden je ook aan om deze bronnen te verkennen om je begrip van YAML te verdiepen.

# Erkenning

Ik wil uit de grond van mijn hart iedereen bedanken die betrokken was bij dit boek en geholpen heeft om het tot een succes te maken.

Eerst en vooral wil ik mijn redacteur bedanken, die me heeft gesteund met zijn onvermoeibare inzet en geduld. Zonder zijn wijze suggesties en scherpe gevoel voor de behoeften van de lezer zou dit boek niet dezelfde status hebben bereikt.

Ik wil ook alle professionals bedanken die mij hun expertise en ervaring ter beschikking hebben gesteld en die mij waardevolle inzichten in hun werk hebben gegeven.

Mijn speciale dank gaat uit naar mijn familie, vrienden en collega's die me gesteund en aangemoedigd hebben, zelfs in tijden dat ik aan mezelf en mijn project twijfelde.

Tot slot dank ik u, beste lezer, voor uw interesse in dit boek en voor de tijd die u hebt genomen om het te lezen. Ik hoop dat je baat hebt bij dit boek en dat het je zal helpen om je integratieprojecten met meer succes uit te voeren.

Hartelijk dank!

Je kunt mijn contactgegevens vinden op www.wittmanndennis.de

# Informatie over de auteur

Dennis Wittmann, geboren in 1987, is een doorgewinterde SAP integratie- en ontwikkelingsexpert met meer dan 12 jaar ervaring in de sector. Dennis is gespecialiseerd in SAP's integratiesuite, SAP Cloud Platform-integratie en SAP Business Technology Platform en heeft een grondige kennis van de concepten van applicatie-integratie, bedrijfsintegratie en API-beheer.

Als ervaren ontwikkelaar heeft Dennis jarenlange ervaring in applicatieontwikkeling met behulp van verschillende programmeertalen zoals ABAP, Java, PHP, C, C++, Pascal/C++ (Delphi) en PowerShell. Dankzij deze vaardigheden kan Dennis complexe integratieoplossingen ontwikkelen en implementeren die efficiënt, schaalbaar en veilig zijn.

Op het gebied van databasebeheer beschikt Dennis over solide vaardigheden, waaronder databasemodellering en -ontwikkeling. Hierdoor kan Dennis data-integratie efficiënt ontwerpen en beheren, wat een belangrijke factor is voor een succesvolle integratiestrategie.

Op het gebied van e-commerce heeft Dennis uitgebreide ervaring met het werken met verschillende tools zoals Amazon, Ebay, Kaufland, Shopware, XTCommerce, Vario software, Plenty, Dreamrobot, JTL en Afterbuy. Deze ervaring stelt Dennis in staat om e-commerce integraties efficiënt en soepel te implementeren, wat cruciaal is voor een succesvolle online business.

Dennis heeft ook uitgebreide ervaring met front-end en back-end webontwikkeling, waaronder het ontwikkelen en hosten van aangepaste websites op Apache en Nginx met loadbalancers en veel verkeer. Hierdoor kan Dennis complexe webintegraties ontwerpen en beheren die robuust, veilig en schaalbaar zijn.

Om zijn vaardigheden en kennis te verdiepen, is Dennis in 2018 begonnen aan een master in computerwetenschappen, die hij naar verwachting in 2023 zal afronden. Deze combinatie van praktische ervaring en academische kennis maakt Dennis tot een erkend expert in de branche.

www.ingramcontent.com/pod-product-compliance
Lightning Source LLC
Chambersburg PA
CBHW071306050326
40690CB00011B/2546